교육용 필수 상용한자를 중심으로 구성한 수능 필수 고사성어

알짜배기
고사성어
쓰기 박사

HD교재연구회

KB207770

하다북스

✳ 이 책의 구성 ✳

우리가 일상적인 언어생활 속에서 사용하는 말들 중에 70% 이상이 한자어로 된 어휘들입니다. 한자를 몰라도 일상적인 대화나 문장 구성력에 별 지장이 없다고 하지만, 한자를 알면 뜻이 더 분명해져서 의사소통이나 어휘력 향상에 많은 도움이 됩니다.

한문 과목은 중·고등학교의 교과 과정에서 타 교과목 학습에 도움을 주는 유용한 과목입니다. 예를 들어, 국어 과목을 잘하는 학생은 한자 실력도 뛰어난 경우가 많습니다. 또, 책이나 신문 등을 읽을 때 한글만으로는 의미가 분명하지 않은 경우가 종종 있는데, 이때 한자어의 뜻을 새겨본다면 그 의미가 보다 분명해지는 것을 알 수 있습니다. 이처럼 한자어가 가진 다양한 의미를 이해하고 활용한다면 어휘력(語彙力)과 조어력(造語力) 등에 도움을 주어 국어 과목과 논술 실력 향상에 큰 영향을 미치고 있습니다.

특히, 한문 교과서와 참고서 등에 나오는 수많은 한자어와 고전 지문들은 고사성어와 밀접한 관계가 있습니다.
고사성어(故事成語)는 옛날부터 현재까지 전해 내려오는 유래 있는 일에서 연유한 말로, 그 말이 성립된 시대의 역사적 배경이나 그 말을 만든 인간의 경험으로 인해 얻어진 삶의 지혜가 농축되어 세상에서 널리 쓰이는 어구를 뜻합니다.
고사성어는 하루아침에 만들어진 것이 아니라 오랜 세월을 전해 내려오는 성현들의 삶과 교훈이 살아 숨 쉬고 있는 말입니다. 그런 까닭에 고사성어의 의미를 이해하는 것은 일상생활에서 조리 있는 대화나 설득력 있는 문장 등을 구사할 수 있는 측면뿐 아니라, 고금(古今)을 통해 인간의 보편적인 삶의 지혜를 습득하는 지름길이 되는 것입니다.

최근에 논술 시험이나 수능, 기업체의 입사 시험, 각종 자격증 시험 등에 나오는 한자어와 고전 지문의 많은 부분이 이 고사성어와 깊은 연관이 있는 것은 이런 이유 때문입니다.
이처럼 고사성어를 익히는 것은 한자나 고전 학습에 도움을 주는 교육적인 효과와 일상생활의 실용적인 활용을 위해서 꼭 필요한 것이므로 꾸준히 학습해야 합니다.

알짜배기
고사성어
쓰기 박사

재미있는 뜻풀이와 함께 교육용 필수 상용한자를 중심으로 구성!!
중・고등학생과 일반 학습자를 위한 핵심 고사성어 쓰기 교본!!

이 책은 중・고등학생과 일반 학습자의 한자 학습을 위해 반드시 알아야 할 필수 고사성어를 수록한 쓰기 교본입니다.
이 책에서는 교육용 필수 상용한자를 중심으로 구성한 수능 필수 고사성어를 재미있는 뜻풀이와 함께 수록하고, 필요한 고사성어를 쉽게 찾을 수 있도록 한글 '가나다' 순으로 배열하였습니다.

그리고 고사성어를 이루는 각 한자마다 상세한 음과 가장 기본이 되는 뜻과 함께, 부수와 그 부수를 제외한 획수를 표기하였습니다. 또, 한자는 필순이 정해져 있지 않지만 가장 안정적이고 빠르고 쉽게 쓸 수 있도록 쓰기 순서를 정리하여 한자 필순을 표기하였습니다.
특히, 각 한자에 한자능력검정시험 각 단계별 급수를 표기하여 한자 시험에도 대비할 수 있도록 하였습니다. 아울러 부록으로 혼동하기 쉬운 한자, 둘 이상의 음을 가진 한자, 한자의 부수를 알자, 부수의 명칭 등을 정리하여 한자 학습에 도움이 되도록 하였습니다.

Point 1 **재미있는 뜻풀이와 함께 익히는 핵심 고사성어**
Point 2 **필수 상용한자로 구성되어 수능시험 완벽 대비**
Point 3 **찾기 쉬운 '가나다' 순 배열과 한자 필순 표기**
Point 4 **한자능력검정시험 대비 각 단계별 급수 표기**

✳ 한자의 필순 ✳

필순(筆順)이란 한자를 쓰는 순서로, 하나의 글자가 만들어질 때 그 글자를 이루어 가는 차례를 말합니다. 한자는 다양하고 복잡한 점과 획으로 이루어져 있으므로 한자를 쓸 때는 먼저 필순부터 알고 한자를 익혀야 학습효과가 커질 것입니다.

한자를 쓰는 기본적인 순서

1. 위에서 아래로 쓴다.
   三(석 삼)   上(위 상)

2. 왼쪽에서 오른쪽으로 쓴다.
   川(내 천)   明(밝을 명)

3. 꿰뚫는 획은 나중에 쓴다.
   事(일 사)   子(아들 자)

4. 오른쪽 위의 점은 나중에 쓴다.
   犬(개 견)   代(대신할 대)

5. 왼쪽과 오른쪽이 대칭될 때는 가운데 획을 먼저 쓴다.
   小(작을 소)   山(뫼 산)

6. 왼쪽과 오른쪽이 터진 몸은 안쪽보다 먼저 쓴다.
   泡(거품 포)   眉(눈썹 미)

7. 삐침(ノ)과 파임(㇏)이 만날 때는 삐침을 먼저 쓴다.
   人(사람 인)   公(공변될 공)

8. 가로획과 세로획이 교차될 때는 가로획을 먼저 쓴다.
   十(열 십)   支(가를 지)

9. 가로획과 세로획이 교차될 때 세로획을 먼저 쓰는 경우도 있다.
   田(밭 전)   由(말미암을 유)

10. 가로획이 짧고 삐침이 길면 가로획을 먼저 쓴다.
    左(왼 좌)   在(있을 재)

11. 가로획이 길고 삐침이 짧으면 삐침을 먼저 쓴다.
    右(오른 우)   有(있을 유)

12. 가로획과 삐침이 어울릴 때는 삐침을 먼저 쓴다.
    作(지을 작)

13. 안과 바깥쪽이 있을 때는 안을 나중에, 바깥쪽을 먼저 쓴다.
    固(굳을 고)   問(물을 문)

14. 책받침은 맨 나중에 쓴다.
    建(세울 건)   適(갈 적)

알짜배기
고사성어
쓰기 박사

1. 배우고 때때로 익히면 또한 기쁘지 아니한가. 벗이 있어 먼 곳으로부터 찾아오면 또한 즐겁지 아니한가. 남이 알아주지 않아도 성내지 않는다면 또한 군자가 아니겠는가.

－논어(論語) 중에서

2. 주자 가로되, 오늘 배우지 않는다고 해서 내일이 있다고 말하지 말라. 올해 배우지 아니한다고 해서 내년이 있다고 하지 말라. 해와 달이 가느니라. 세월이 나를 기다려 주지 않으니 오호라! 늙었구나. 이것이 누구의 허물인가.

－명심보감 <권학편> 중에서

각	골	난	망	뼈에 깊이 새겨 놓고 결코 잊지 않음. 다른 사람이 베풀어 준 은혜를 마음에 깊이 새기고, 잊지 않겠다고 다짐할 때 쓰는 표현. 〈동의어〉 백골난망(白骨難忘), 각골명심(刻骨銘心) 故事成語

刻骨難忘

刻	능시 4급 새길 **각**	刀부의 6획 `丶 亠 亠 亥 亥 亥 刻 刻`	刻 刻

骨	능시 4급 뼈 **골**	骨부의 0획 `口 中 罒 骨 骨 骨 骨 骨`	骨 骨

難	능시 4-2급 어려울 **난**	隹부의 11획 `一 廿 苩 莒 莫 鄚 鄭 難`	難 難

忘	능시 3급 잊을 **망**	心부의 3획 `丶 亠 亡 亡 忘 忘 忘`	忘 忘

각	주	구	검	칼을 강물에 떨어뜨리자 뱃전에 그 자리를 표시했다가 나중에 그 칼을 찾으려 한다는 말로, 판단력이 둔하여 세상일에 어둡고 어리석다는 뜻. 미련하고 융통성이 없음을 비유하는 말. 故事成語

刻舟求劍

刻	능시 4급 새길 **각**	刀부의 6획 `丶 亠 亠 亥 亥 亥 刻 刻`	刻 刻

舟	능시 3급 배 **주**	舟부의 0획 `丿 丿 刀 月 舟 舟`	舟 舟

求	능시 4-2급 구할 **구**	水부의 2획 `一 十 寸 才 求 求 求`	求 求

劍	능시 3-2급 칼 **검**	刀부의 13획 `人 人 合 命 命 金 劍 劍`	劍 劍

간	담	상	조	간과 쓸개를 내놓고 서로에게 내보인다는 뜻으로, 서로 생각하는 바가 통한다는 말. 마음이 잘 맞는 절친한 사이를 이르는 말.

肝膽相照

故事成語

肝	능시 3-2급	간 **간**	肉부의 3획	丿 刀 月 月 月 肝 肝	肝 肝

膽	능시 2급	쓸개 **담**	肉부의 13획	丿 刀 月 月 膽 膽 膽 膽 膽 膽 膽 膽	膽 膽

相	능시 5급	서로 **상**	目부의 4획	一 十 才 ホ 相 相 相 相	相 相

照	능시 3-2급	비칠 **조**	火부의 9획	丨 冂 日 旷 昭 照 照 照	照 照

감	언	이	설	달콤한 말과 이로운 이야기라는 뜻으로, 남의 비위에 들도록 꾸민 달콤한 말과 이로운 조건을 내세워 남을 꾀는 말을 일컫는 말.

甘言利說

故事成語

甘	능시 4급	달 **감**	甘부의 0획	一 十 廿 甘 甘	甘 甘

言	능시 6급	말씀 **언**	言부의 0획	丶 亠 亠 言 言 言 言	言 言

利	능시 6급	이로울 **리**	刀부의 5획	丿 二 千 禾 禾 利 利	利 利

說	능시 5급	말씀 **설**	言부의 7획	丶 亠 言 言 訂 訪 說 說	說 說

감	탄	고	토	달면 삼키고 쓰면 뱉는다는 뜻으로, 사리에 옳고 그름을 돌보지 않고, 자기 비위에 맞으면 취하고 싫으면 버리는 이기주의적인 태도를 이르는 말.
甘	呑	苦	吐	故事成語

甘	능시 4급 달 **감**	甘부의 0획	一 十 卄 廿 甘	甘 甘			

| 呑 | 능시 1급 삼킬 **탄** | 口부의 4획 | 一 二 チ 天 呑 呑 | 呑 呑 | | | |

| 苦 | 능시 6급 쓸 **고** | 艸부의 5획 | 丨 ⺾ ⺾ 艹 芓 苦 苦 | 苦 苦 | | | |

| 吐 | 능시 3-2급 토할 **토** | 口부의 3획 | 丨 口 口 吐 吐 吐 | 吐 吐 | | | |

개	과	천	선	지난날의 잘못을 고치고 옳은 길로 들어서서 착하게 된다는 뜻. 〈유사어〉개과자신(改過自新)
改	過	遷	善	故事成語

改	능시 5급 고칠 **개**	攴부의 3획	丁 丁 丁 己 改 改	改 改			

| 過 | 능시 5급 허물 **과** | 辵부의 9획 | 冎 冎 冎 咼 咼 過 過 過 | 過 過 | | | |

| 遷 | 능시 3-2급 옮길 **천** | 辵부의 11획 | 覀 覀 襾 襾 奜 票 罨 遷 | 遷 遷 | | | |

| 善 | 능시 5급 착할 **선** | 口부의 9획 | 丷 ⺍ 兰 羊 美 善 善 善 | 善 善 | | | |

개 세 지 재	세상을 자기 마음대로 다스릴 만한 뛰어난 재주를 일컫는 말.
蓋世之才	故事成語

蓋	능시 3-2급 덮을 개	艹부의 10획 `ㅡ ㅛ ㅛ 荜 荜 荸 荸 蓋 蓋

蓋 蓋

世	능시 7급 세상 세	一부의 4획 一 十 卅 卅 世

世 世

之	능시 3-2급 어조사 지	ノ부의 3획 `ㅡ ㅡ 之

之 之

才	능시 6급 재주 재	手부의 0획 一 十 才

才 才

건 곤 일 척	하늘과 땅을 걸고 한 번 주사위를 던진다는 뜻으로, 운명과 흥망을 하늘에 걸고 단판에 승패를 겨룬다는 말. 운명이 매우 어려운 고비에 처해 있음을 이르는 말.
乾坤一擲	故事成語

乾	능시 3-2급 하늘 건	乙부의 10획 一 十 古 古 直 草 草 乾

乾 乾

坤	능시 3급 땅 곤	土부의 5획 一 十 土 圵 圻 坤 坤

坤 坤

一	능시 8급 하나 일	一부의 0획 一

一 一

擲	능시 1급 던질 척	手부의 15획 一 十 扌 扩 扩 捗 捗 捗 捗 捗 擲

擲 擲

격	물	치	지	사물의 본질이나 이치를 끝까지 연구하여 자기의 지식을 확고하게
				한다는 뜻으로, 세상의 이치와 지식을 탐구하는 자세를 이르는 말.

格 物 致 知

故事成語

格	능시 5급 격식 격	木부의 6획 格格	十 才 才 朴 栌 枚 格 格				

物	능시 7급 만물 물	牛부의 4획 物物	′ ˊ ˙ 牛 牜 牧 物 物				

致	능시 5급 이를 치	至부의 4획 致致	ˉ ˊ ˉ 至 至 致 致 致				

知	능시 5급 알 지	矢부의 3획 知知	′ ˊ ˉ 느 失 知 知 知				

견	강	부	회	이론이나 이유 등을 자기 편에 유리하도록 끌어 붙인다는 뜻으로,
				전혀 다른 이론을 자기 주장에 근거로 쓰거나 앞뒤가 맞지 않는 이
				론을 합리화하기 위해 강제로 부합시키며 옳다고 우기는 것을 이르
				는 말.

牽 强 附 會

故事成語

牽	능시 3급 끌 견	牛부의 7획 牽牽	′ ˋ ˉ 玄 玄 亩 查 牽				

强	능시 6급 굳셀 강	弓부의 9획 强强	′ ˊ ˇ 弖 弨 弨 强 强 强				

附	능시 3-2급 붙일 부	阜부의 5획 附附	′ ˇ ˋ 阝 阝 阼 附 附				

會	능시 6급 모을 회	日부의 9획 會會	人 스 今 合 命 命 侖 會 會				

견 리 사 의	이로운 것을 보면 의로운 것인가를 생각하라는 말로, 눈앞의 이익을 보면 그것이 의리에 맞는가 어떤가를 먼저 생각해야 한다는 뜻.
見 利 思 義	故事成語

見	능시 5급 볼 견	見부의 0획 丨 冂 冂 月 目 貝 見 見 見

利	능시 6급 이로울 리	刀부의 5획 ` 二 千 禾 禾 利 利 利 利

思	능시 5급 생각 사	心부의 5획 丨 口 曰 田 田 思 思 思 思 思 思

義	능시 4-2급 의로울 의	羊부의 7획 丷 丷 丷 羊 羊 羊 差 義 義 義 義

견 문 발 검	모기를 보고 칼을 빼어든다는 뜻으로, 사소하고 보잘것 없는 작은 일에도 허둥지둥거리고 과도하게 대응하는 것을 비유하는 말.
見 蚊 拔 劍	故事成語

見	능시 5급 볼 견	見부의 0획 丨 冂 冂 月 目 貝 見 見 見

蚊	능시 1급 모기 문	虫부의 4획 丶 口 口 中 虫 虫 蚊 蚊 蚊 蚊 蚊

拔	능시 3-2급 뺄 발	手부의 5획 一 扌 扌 扌 扩 拔 拔 拔 拔 拔

劍	능시 3-2급 칼 검	刀부의 13획 ` ` 合 合 僉 僉 僉 劍 劍 劍 劍

견 물 생 심

見物生心

물건을 보면 마음이 생긴다는 말로, 물건을 실제로 보면 그것을 갖고 싶은 욕심이 생긴다는 뜻.

故事成語

見	능시 5급 볼 견	見부의 0획	丨 冂 冃 月 目 貝 見
物	능시 7급 물건 물	牛부의 4획	ノ 𠂉 牛 牛 牜 牞 牣 物
生	능시 8급 날 생	生부의 0획	ノ 𠂉 𠂊 牛 生
心	능시 7급 마음 심	心부의 0획	丶 心 心 心

결 자 해 지

結者解之

일을 맺은 사람이 풀어야 한다는 뜻으로, 처음에 일을 벌여 놓은 사람이 끝을 맺어야 한다는 말. 즉 자신이 저지른 일에 대해서는 자신이 해결해야 한다는 말.

故事成語

結	능시 5급 맺을 결	糸부의 6획	𠃋 幺 糹 糸 紅 紅 紶 結 結
者	능시 6급 사람 자	老부의 5획	十 土 耂 耂 者 者 者 者
解	능시 4-2급 풀 해	角부의 6획	⺈ 角 角 角 角 角 解 解
之	능시 3-2급 어조사 지	丿부의 3획	丶 ⺀ 之 之

결	초	보	은

結草報恩

풀을 묶어서 은혜를 갚는다는 말로, 죽어 혼이 되더라도 남에게 입은 은혜를 잊지 않고 갚는다는 뜻.

故事成語

	능시 5급	糸부의 6획	ㄥ ㄠ ㅆ 糸 糸 紵 紂 結 結
結	맺을 결	結 結	

	능시 7급	艸부의 6획	㇏ ㅗ ㅛ 甘 芍 苗 苩 草
草	풀 초	草 草	

	능시 4-2급	土부의 9획	ㅗ ㅛ ㅛ 幸 幸 報 報 報
報	갚을 보	報 報	

	능시 4-2급	心부의 6획	㇉ 冂 冃 冈 因 因 恩 恩
恩	은혜 은	恩 恩	

겸	사	겸	사

兼事兼事

이 일도 하고 저 일도 한다는 뜻으로, 한꺼번에 일을 겸하여 하는 모습을 이르는 말. 〈동의어〉 겸지겸지(兼之兼之)

故事成語

	능시 3-2급	八부의 8획	八 今 今 兮 争 兼 兼 兼
兼	겸할 겸	兼 兼	

	능시 7급	亅부의 7획	一 一 冖 冃 写 写 写 事
事	일 사	事 事	

	능시 3-2급	八부의 8획	八 今 今 兮 争 兼 兼 兼
兼	겸할 겸	兼 兼	

	능시 7급	亅부의 7획	一 一 冖 冃 写 写 写 事
事	일 사	事 事	

경	거	망	동

輕擧妄動

가볍고 망령되게 행동한다는 뜻으로, 도리나 사정을 생각하지 아니하고 경솔하게 행동하는 것을 이르는 말.

故事成語

輕	능시 5급 가벼울 경	車부의 7획 一 � 日 旦 車 車 輕 輕 輕	輕 輕				

擧	능시 5급 들 거	手부의 14획 F F 的 的 衛 與 與 擧	擧 擧				

妄	능시 3-2급 망령될 망	女부의 3획 ` 亠 亡 亡 妄 妄	妄 妄				

動	능시 7급 움직일 동	力부의 9획 一 ㄒ ㅌ 盲 重 重 重 動 動	動 動				

경	국	지	색

傾國之色

나라를 기우릴 만한 여자라는 뜻으로, 나라 안에 으뜸가는 미인이나 임금이 혹하여 나라가 뒤집혀도 모를 만한 재주 혹은 그런 재주를 가진 사람을 가리키는 말.

故事成語

傾	능시 4급 기울 경	人부의 11획 亻 亻 仁 恒 恒 恒 傾	傾 傾				

國	능시 8급 나라 국	口부의 8획 丨 冂 同 同 国 国 國 國	國 國				

之	능시 3-2급 어조사 지	丿부의 3획 ` 亠 ㄡ 之	之 之				

色	능시 7급 빛 색	色부의 0획 ノ ㄅ 夕 匁 角 色	色 色				

경	로	효	친	노인을 공경하고 어버이께 효도한다는 뜻. 효친은 제 어버이를 공경하고 떠받드는 것을 말하고, 이러한 효친의 마음을 이웃 어른이나 노인들에게까지 확대한 것을 일컫는 말.
敬 老 孝 親				故事成語

敬	능시 5급 공경할 경	攴부의 9획	` ˊ ⺾ 芍 苟 苟 敬 敬	敬 敬						

| 老 | 능시 7급 늙을 로 | 老부의 0획 | ⁻ � 土 耂 耂 老 | 老 老 | | | | | | |

| 孝 | 능시 7급 효도 효 | 子부의 4획 | ⁻ � 土 耂 耂 孝 孝 | 孝 孝 | | | | | | |

| 親 | 능시 6급 어버이 친 | 見부의 9획 | ⺀ ㄎ 굔 辛 亲 新 親 親 | 親 親 | | | | | | |

계	구	우	후	닭의 입과 소의 꼬리라는 말로, 닭의 머리가 될지언정 소의 꼬리는 되지 말라는 뜻. 즉 큰 단체의 꼴찌가 되는 것보다 작은 단체의 우두머리가 되는 것이 낫다는 의미임.
鷄 口 牛 後				故事成語

鷄	능시 4급 닭 계	鳥부의 10획	⺌ ⺈ 爻 奚 𩿅 鄿 鷄 鷄	鷄 鷄						

| 口 | 능시 7급 입 구 | 口부의 0획 | ㅣ ㄇ 口 | 口 口 | | | | | | |

| 牛 | 능시 5급 소 우 | 牛부의 0획 | ˊ ˎ 二 牛 | 牛 牛 | | | | | | |

| 後 | 능시 7급 뒤 후 | 彳부의 6획 | ㇒ ㇒ 彳 彳 彳 後 後 後 | 後 後 | | | | | | |

계	란	유	골
鷄	卵	有	骨

달걀에도 뼈가 있다는 뜻으로, 일이 안되는 사람은 좋은 기회를 맞아도 뜻밖의 불운을 당해 일이 수포로 돌아감을 이르는 말.

故事成語

鷄	능시 4급 닭 **계**	鳥부의 10획	⺉⺀ 奚 雞 鷄 鷄 鷄	鷄 鷄
卵	능시 4급 알 **란**	卩부의 5획	´ ㇄ ㇉ ㇉ ㇆ ㇆ 卵	卵 卵
有	능시 7급 있을 **유**	月부의 2획	ノ ナ 才 有 有 有	有 有
骨	능시 4급 뼈 **골**	骨부의 0획	⺆ ⺊ ⺊ ⺊ 骨 骨 骨 骨	骨 骨

고	군	분	투
孤	軍	奮	鬪

외로운 군사가 용기를 내어 싸운다는 뜻으로, 숫자가 적은 군대 또는 홀로 힘겨운 적과 용감하게 싸운다는 말. 약한 힘으로 남의 도움도 없이 힘겨운 일을 해나가는 모습을 이르는 말.

故事成語

孤	능시 4급 외로울 **고**	子부의 5획	⺆ ⺊ 子 子 犭 犭 孤 孤	孤 孤
軍	능시 8급 군사 **군**	車부의 2획	⺆ ⺊ ⺊ ⺊ 冒 冒 冒 冒 軍	軍 軍
奮	능시 3-2급 떨칠 **분**	大부의 13획	一 六 木 杢 奢 奮 奮 奮 奮	奮 奮
鬪	능시 4급 싸울 **투**	鬥부의 10획	ㅣ 丨 丨 丨 丨 門 鬥 鬪 鬪 鬪	鬪 鬪

고	장	난	명	손바닥도 혼자서는 소리를 내지 못한다는 뜻으로, 혼자서는 일을 이루기 힘든 것을 비유하는 말.
孤	掌	難	鳴	故事成語

孤	능시 4급 외로울 고	子부의 5획 ㄱ 了 子 孑 孒 孤 孤 孤	孤 孤						

掌	능시 3-2급 손바닥 장	手부의 8획 ⺌ ⺌ 尚 尚 堂 堂 堂 掌	掌 掌						

難	능시 4-2급 어려울 난	隹부의 11획 一 廿 苩 莫 莫 難 難 難	難 難						

鳴	능시 4급 울 명	鳥부의 3획 口 口 叮 吖 咟 咟 鳴 鳴	鳴 鳴						

고	진	감	래	쓴 것이 다하면 단 것이 온다는 뜻으로, 고생 끝에 즐거움이 온다는 말. 〈반의어〉 흥진비래(興盡悲來)
苦	盡	甘	來	故事成語

苦	능시 6급 쓸 고	艸부의 5획 ㅣ ㅏ ㅗ 艹 ꝑ 芊 苦 苦	苦 苦						

盡	능시 4급 다할 진	皿부의 9획 ㄱ ㄱ 肀 聿 書 書 盡 盡	盡 盡						

甘	능시 4급 달 감	甘부의 0획 一 十 廿 甘 甘	甘 甘						

來	능시 7급 올 래	人부의 6획 一 厂 厃 ㄴ 巫 来 來 來	來 來						

曲學阿世

학문을 굽히어 세상에 아첨한다는 뜻으로, 정도를 벗어난 학문으로 세상 사람에게 아첨함을 이르는 말.

故事成語

| 曲 | 능시 5급 굽을 곡 | 曰부의 2획 ㅣ ㄇ ㄇ 曲 曲 | 曲 曲 | | |

| 學 | 능시 8급 배울 학 | 子부의 13획 ㄱ ㅌ ㅌ 卧 卧 舆 學 學 | 學 學 | | |

| 阿 | 능시 3-2급 언덕 아 | 阜부의 5획 ㄱ �尹 阝 阝 阿 阿 阿 | 阿 阿 | | |

| 世 | 능시 7급 인간 세 | 一부의 4획 一 十 卅 世 世 | 世 世 | | |

骨肉相爭

뼈와 살이 서로 싸운다는 뜻으로, 형제나 동족끼리 서로 싸우는 모습을 비유하는 말.

故事成語

| 骨 | 능시 4급 뼈 골 | 骨부의 0획 ㄇ ㅁ ㅁ 丹 丹 骨 骨 骨 | 骨 骨 | | |

| 肉 | 능시 4-2급 고기 육 | 肉부의 0획 ㅣ ㄇ 內 內 肉 肉 | 肉 肉 | | |

| 相 | 능시 5급 서로 상 | 目부의 4획 一 十 オ 木 机 机 相 相 | 相 相 | | |

| 爭 | 능시 5급 다툴 쟁 | 爪부의 4획 ʼ ʼ ʼ 爫 爫 笋 笋 争 | 争 争 | | |

空中樓閣

공중에 세워진 누각이라는 뜻으로, 근거나 현실적인 기반이 없는 가공의 사물을 일컫는 말. 사물의 기초가 견고하지 못함을 비유하는 말. 〈동의어〉 사상누각(沙上樓閣)

故事成語

| 空 | 능시 7급 | 빌 공 | 穴부의 3획 | 丶丶宀宀宊空空空 | 空 | 空 | | | | |

| 中 | 능시 8급 | 가운데 중 | 丨부의 3획 | 丨口口中 | 中 | 中 | | | | |

| 樓 | 능시 3-2급 | 다락 루 | 木부의 11획 | 木 栌 柤 椙 椣 椣 樓 樓 | 樓 | 樓 | | | | |

| 閣 | 능시 3-2급 | 집 각 | 門부의 6획 | 丨 門 門 門 門 門 門 門 閈 閣 閣 | 閣 | 閣 | | | | |

誇大妄想

사실보다 과장하여 지나치게 상상하거나 이치에 닿지 않는 망령된 생각을 일컫는 말. 자신의 재능이나 재력 등을 과장하며 스스로도 이것을 사실로 착각하는 것을 뜻함.

故事成語

| 誇 | 능시 3-2급 | 자랑할 과 | 言부의 6획 | 一 ニ 言 言 言 諍 誇 誇 | 誇 | 誇 | | | | |

| 大 | 능시 8급 | 큰 대 | 大부의 0획 | 一 ナ 大 | 大 | 大 | | | | |

| 妄 | 능시 3-2급 | 망령될 망 | 女부의 3획 | 丶 一 亡 亡 妄 妄 | 妄 | 妄 | | | | |

| 想 | 능시 4-2급 | 생각 상 | 心부의 9획 | 十 才 木 相 相 相 想 想 | 想 | 想 | | | | |

과 유 불 급	모든 사물이 정도를 지나치면 도리어 안한 것만 못하다는 뜻으로, 중용(中庸)을 가리키는 말.
過猶不及	故事成語

| 過 | 능시 5급
 지날 **과** | 辵부의 9획 | ⌐ ⌐ ⌐ 咼 咼 渦 渦 渦 過 | 過 過 | | | | |

| 猶 | 능시 3-2급
 오히려 **유** | 犬부의 9획 | ⅟ ⅟ 犭 犳 犳 猶 猶 猶 | 猶 猶 | | | | |

| 不 | 능시 7급
 아닐 **불** | 一부의 3획 | ⌐ ⌐ 不 不 | 不 不 | | | | |

| 及 | 능시 3-2급
 미칠 **급** | 又부의 2획 | ノ ア 乃 及 | 及 及 | | | | |

관 포 지 교	옛날 중국의 관중(管仲)과 포숙(鮑叔)처럼 친구 사이가 다정함을 이르는 말. 친구 사이의 매우 다정하고 허물없는 교제를 뜻함.
管鮑之交	故事成語

| 管 | 능시 4급
 대롱 **관** | 竹부의 8획 | ⌐ ⌐ ⌐ 竹 竹 竹 管 管 | 管 管 | | | | |

| 鮑 | 능시 2급
 절인 어물 **포** | 魚부의 5획 | ⅋ ⅋ 匂 匂 备 备 魚 魠 魳 鮑 鮑 | 鮑 鮑 | | | | |

| 之 | 능시 3-2급
 어조사 **지** | ノ부의 3획 | ⌐ ⌐ 之 之 | 之 之 | | | | |

| 交 | 능시 6급
 사귈 **교** | ⌐부의 4획 | ⌐ ⌐ ⌐ 六 亥 交 | 交 交 | | | | |

괄	목	상	대

刮目相對

눈을 비비고 서로 마주한다라는 뜻으로, 손아랫사람이나 상대방의 학식과 재주 등이 눈에 띄게 향상된 것에 대해 놀라워하는 것을 이르는 말.

故事成語

刮	능시 1급	비빌 괄	刀부의 6획	一 二 千 千 舌 舌 刮 刮	刮 刮
目	능시 6급	눈 목	目부의 0획	丨 冂 冂 月 目	目 目
相	능시 5급	서로 상	目부의 4획	一 十 才 木 相 相 相 相	相 相
對	능시 6급	마주할 대	寸부의 11획	丷 业 业 业 꾜 举 똪 對 對	對 對

교	언	영	색

巧言令色

남의 환심을 사기 위해 교묘히 꾸며서 하는 말과 아첨하는 얼굴 빛이라는 뜻으로, 남에게 아첨하는 언행을 일컫는 말.

故事成語

巧	능시 3-2급	공교할 교	工부의 2획	一 丁 工 丂 巧	巧 巧
言	능시 6급	말씀 언	言부의 0획	丶 一 亠 言 言 言 言	言 言
令	능시 5급	하여금 영	人부의 3획	丿 人 스 今 令	令 令
色	능시 7급	빛 색	色부의 0획	丿 ク 勺 今 多 色	色 色

교 학 상 장	가르치고 배우면서 서로 자란다는 말로, 남을 가르치거나 스승에게 배우는 일이 모두 자신의 학업을 증진시킨다는 뜻.	
教學相長		故事成語

教	능시 8급 가르칠 교	攴부의 7획 敎敎	ノ メ ナ 耂 考 孝 孝 敎 教
學	능시 8급 배울 학	子부의 13획 學學	ｒ ｆ ﾋ 臼 臼 與 學 學
相	능시 5급 서로 상	目부의 4획 相 相	一 十 才 木 杪 相 相 相
長	능시 8급 자랄 장	長부의 0획 長 長	丨 ｒ ｒ ｒ ｦ 토 長 長 長

구 사 일 생	아홉 번 죽을 뻔 하다가 겨우 살아난다는 말로, 죽을 고비를 여러 차례 넘기고 겨우 살아난다는 뜻.	
九死一生		故事成語

九	능시 8급 아홉 구	乙부의 1획 九 九	ノ 九
死	능시 6급 죽을 사	歹부의 2획 死死	一 厂 歹 歹 死 死
一	능시 8급 하나 일	一부의 0획 一 一	一
生	능시 8급 살 생	生부의 0획 生 生	ノ ㇒ 눈 牛 生

구 우 일 모	아홉 마리 소 중에 하나의 털이란 뜻으로, 아주 큰 물건 속에 있는 아주 작은 물건 또는 많은 것 중의 극히 작은 일부분을 비유하여 일컫는 말.
九牛一毛	故事成語

| 九 | 능시 8급 아홉 **구** | 乙부의 1획 | ノ 九 |
| | | 九 九 | |

| 牛 | 능시 5급 소 **우** | 牛부의 0획 | ノ ト 二 牛 |
| | | 牛 牛 | |

| 一 | 능시 8급 하나 **일** | 一부의 0획 | 一 |
| | | 一 一 | |

| 毛 | 능시 4-2급 털 **모** | 毛부의 0획 | ノ 二 三 毛 |
| | | 毛 毛 | |

구 절 양 장	아홉 번 굽은 양의 창자라는 뜻으로, 양의 창자처럼 대단히 구불구불하고 험한 산길 또는 일이나 세상이 복잡하여 살아가기가 매우 어렵다는 것을 일컫는 말.
九折羊腸	故事成語

| 九 | 능시 8급 아홉 **구** | 乙부의 1획 | ノ 九 |
| | | 九 九 | |

| 折 | 능시 4급 꺾을 **절** | 手부의 4획 | 一 ナ 扌 扌 扩 扩 折 |
| | | 折 折 | |

| 羊 | 능시 4-2급 양 **양** | 羊부의 0획 | 丶 丷 ⺀ ㅛ 兰 羊 |
| | | 羊 羊 | |

| 腸 | 능시 4급 창자 **장** | 肉부의 9획 | 刂 月 刖 刖 肥 胛 腭 腸 腸 |
| | | 腸 腸 | |

군	계	일	학	많은 닭 무리 속의 한 마리 학이라는 뜻으로, 수많은 사람 가운데 놓인 뛰어난 인물이나 존재를 이르는 말.
群 鷄 一 鶴				故事成語

群	능시 4급 무리 **군**	羊부의 7획	ㄱ ㅋ ㅋ 尹 君 君' 群 群 群
		群 群	

鷄	능시 4급 닭 **계**	鳥부의 10획	爫 爫 孚 奚 奚 鷄 鷄 鷄
		鷄 鷄	

一	능시 8급 한 **일**	一부의 0획	一
		一 一	

鶴	능시 3-2급 학 **학**	鳥부의 10획	一 隺 隺 雀 雀' 鶴 鶴 鶴
		鶴 鶴	

권	모	술	수	목적을 위해 남을 교묘하게 속이는 모략이나 술수, 또는 그때 그때의 형편에 따라 능수능란하게 대처하는 모략이나 수완을 뜻하는 말.
權 謀 術 數				故事成語

權	능시 4-2급 권세 **권**	木부의 18획	木 术 术 栌 栌 槿 權 權
		權 權	

謀	능시 3-2급 꾀 **모**	言부의 9획	言 言 言 言 計 誄 謀 謀
		謀 謀	

術	능시 6급 재주 **술**	行부의 5획	ㄔ 彳 彳 彳 徘 徘 術 術
		術 術	

數	능시 7급 셈 **수**	攴부의 11획	口 吕 吕 吕 婁 婁 婁 數 數
		數 數	

權不十年

권력이 십 년을 넘지 못한다는 뜻으로, 부당하게 잡은 권력은 결코 오래 가지 않는다는 것을 일컫는 말.

故事成語

權	능시 4-2급	권세 **권**	木부의 18획	木 栏 栏 栏 栏 権 権 權
			權 權	

不	능시 7급	아닐 **불**	一부의 3획	一 プ イ 不
			不 不	

十	능시 8급	열 **십**	十부의 0획	一 十
			十 十	

年	능시 8급	해 **년**	干부의 3획	ノ ヒ ケ 느 느 年
			年 年	

勸善懲惡

착한 행실(行實)을 권장하고 악한 행실을 징계한다는 뜻.

故事成語

勸	능시 4급	권할 **권**	力부의 18획	艹 苩 莭 萛 蓳 蓳 勸 勸
			勸 勸	

善	능시 5급	착할 **선**	口부의 9획	ン 半 羊 羊 羔 善 善 善
			善 善	

懲	능시 3급	징계할 **징**	心부의 15획	彳 彳 律 徢 徵 徵 懲 懲
			懲 懲	

惡	능시 5급	악할 **악**	心부의 8획	一 丆 丐 亞 亞 亞 惡 惡
			惡 惡	

권 토 중 래	말이 흙먼지를 일으키며 다시 쳐들어온다는 뜻으로, 한 번 패한 자가 세력을 회복하여 다시 쳐들어옴. 실패하고 떠난 후 실력을 키워서 다시 도전하는 모습을 일컫는 말.
捲土重來	故事成語

| 捲 | 능시 1급 말 권 | 手부의 8획 | 一 扌 扌 扌 扩 拦 拦 拦 挟 捲 捲 |
| 捲 捲 | | | |

| 土 | 능시 8급 흙 토 | 土부의 0획 | 一 十 土 |
| 土 土 | | | |

| 重 | 능시 7급 거듭할 중 | 里부의 2획 | 一 亠 千 斤 盲 盲 重 重 |
| 重 重 | | | |

| 來 | 능시 7급 올 래 | 人부의 6획 | 一 厂 厂 巾 双 來 來 |
| 來 來 | | | |

극 기 복 례	나를 이기고 예도를 회복한다는 뜻으로, 자신의 욕망을 눌러 이기고 예의범절을 실현하는 것을 이르는 말.
克己復禮	故事成語

| 克 | 능시 3-2급 이길 극 | 儿부의 5획 | 一 十 古 古 古 声 克 |
| 克 克 | | | |

| 己 | 능시 5급 몸 기 | 己부의 0획 | 丁 己 己 |
| 己 己 | | | |

| 復 | 능시 4-2급 회복할 복 | 彳부의 9획 | ノ 彳 彳 彷 徉 徂 徉 復 復 |
| 復 復 | | | |

| 禮 | 능시 6급 예도 례 | 示부의 13획 | 千 禾 和 神 神 禮 禮 禮 |
| 禮 禮 | | | |

근	묵	자	흑

近墨者黑

먹물을 가까이 하는 사람은 검어진다는 뜻으로, 나쁜 사람과 가깝게 지내다 보면 자신도 모르게 나쁜 행동에 물들게 됨을 비유하는 말. 좋은 친구를 가려서 사귀어야 한다는 뜻.

故事成語

近	능시 6급 가까울 **근**	辵부의 4획 `丶 厂 匚 斤 斤 沂 近 近`	近 近

墨	능시 3-2급 먹 **묵**	土부의 12획 `丶 口 四 罒 罒 里 里 黑 黑 墨 墨`	墨 墨

者	능시 6급 사람 **자**	老부의 5획 `十 土 耂 耂 者 者 者 者`	者 者

黑	능시 5급 검을 **흑**	黑부의 0획 `丶 口 四 罒 罒 甲 里 黑 黑`	黑 黑

근	주	자	적

近朱者赤

붉은 것을 가까이 하는 사람은 붉어진다는 뜻으로, 주위 환경이 중요하다는 것을 이르는 말. 〈동의어〉 근묵자흑(近墨者黑)

故事成語

近	능시 6급 가까울 **근**	辵부의 4획 `丶 厂 匚 斤 斤 沂 近 近`	近 近

朱	능시 4급 붉을 **주**	木부의 2획 `丿 乁 二 牛 失 朱`	朱 朱

者	능시 6급 사람 **자**	老부의 5획 `十 土 耂 耂 者 者 者`	者 者

赤	능시 5급 붉을 **적**	赤부의 0획 `一 十 土 卞 亦 赤 赤`	赤 赤

금	과	옥	조	금으로 만든 법과 옥으로 만든 조항이라는 뜻으로, 소중히 여기고 지켜야 할 아주 귀중한 법칙이나 규범, 교훈 등을 이르는 말.
金	科	玉	條	故事成語

金	능시 8급 쇠 **금**	金부의 0획	ノ 人 人 仝 仝 全 金 金	金 金					

| 科 | 능시 6급
 과정 **과** | 禾부의 4획 | 一 千 千 禾 禾 禾 和 科 | 科 科 | | | | | |

| 玉 | 능시 4-2급
 구슬 **옥** | 玉부의 0획 | 一 丁 王 王 玉 | 玉 玉 | | | | | |

| 條 | 능시 4급
 가지 **조** | 木부의 7획 | 亻 亻 伫 伫 攸 攸 倏 條 | 條 條 | | | | | |

금	란	지	교	단단하기가 황금과 같고 아름답기가 난초 향기와 같은 사귐이라는 뜻으로, 서로 마음이 맞고 교분이 두터운 우정이 깊은 사귐을 이르는 말.
金	蘭	之	交	故事成語

| 金 | 능시 8급
 쇠 **금** | 金부의 0획 | ノ 人 人 仝 仝 全 金 金 | 金 金 | | | | | |

| 蘭 | 능시 3-2급
 난초 **난** | 艸부의 17획 | 艹 艹 广 广 門 蘭 蘭 蘭 | 蘭 蘭 | | | | | |

| 之 | 능시 3-2급
 어조사 **지** | 丿부의 3획 | 丶 亠 ㇇ 之 | 之 之 | | | | | |

| 交 | 능시 6급
 사귈 **교** | 亠부의 4획 | 丶 亠 广 六 亥 交 | 交 交 | | | | | |

금 상 첨 화	비단 위에 꽃을 더한다라는 뜻으로, 좋은 일에 또 좋은 일이 더하여 지는 것을 이르는 말.
錦 上 添 花	故事成語

錦	능시 3-2급	비단 금	金부의 8획	𠂉 𠂉 牟 金 釒 鈤 錦 錦	錦 錦				
上	능시 7급	위 상	一부의 2획	丨 ㅏ 上	上 上				
添	능시 3급	더할 첨	水부의 8획	氵 汀 沃 沃 添 添 添	添 添				
花	능시 7급	꽃 화	艸부의 4획	丶 ㅏ ㅏ � ㅏ 花 花	花 花				

금 의 야 행	비단옷을 입고 밤길을 간다는 뜻으로, 출세하고도 고향으로 돌아가 지 못함. 남이 알아주지 않는 아무 보람없는 행동을 비유하는 말.
錦 衣 夜 行	故事成語

錦	능시 3-2급	비단 금	金부의 8획	𠂉 𠂉 牟 金 釒 鈤 錦 錦	錦 錦				
衣	능시 6급	옷 의	衣부의 0획	丶 ㅗ ㅗ 亢 衣 衣	衣 衣				
夜	능시 6급	밤 야	夕부의 5획	丶 ㅗ 广 疒 㐀 夜 夜 夜	夜 夜				
行	능시 6급	다닐 행	行부의 0획	丿 彳 彳 彳 行 行	行 行				

금 의 환 향	비단옷을 입고 고향에 돌아온다는 뜻으로, 출세하여 고향에 돌아옴을 이르는 말.
錦衣還鄉	故事成語

錦	능시 3-2급 비단 **금**	金부의 8획	ノ ㇒ 牟 金 釒 鉑 錦 錦		錦 錦			

衣	능시 6급 옷 **의**	衣부의 0획	丶 一 ナ 才 衣 衣		衣 衣			

還	능시 3-2급 돌아올 **환**	辶부의 13획	口 皿 皿 罒 罢 睘 還 還		還 還			

鄉	능시 4-2급 시골 **향**	邑부의 10획	㇗ 纟 纟 纩 鈳 绲 绲㇗ 鄉		鄉 鄉			

금 지 옥 엽	금으로 만든 가지와 옥으로 만든 잎이라는 뜻으로, 세상에 둘도 없이 소중하고 귀한 자식을 이르는 말.
金枝玉葉	故事成語

金	능시 8급 쇠 **금**	金부의 0획	ノ 入 𠆢 𠆢 全 全 金 金		金 金			

枝	능시 3-2급 가지 **지**	木부의 4획	一 十 才 木 杧 杧 朸 枝		枝 枝			

玉	능시 4-2급 구슬 **옥**	玉부의 0획	一 丁 干 王 玉		玉 玉			

葉	능시 5급 잎사귀 **엽**	艸부의 9획	艹 艹 苙 苙 苙 葺 華 葉		葉 葉			

기 고 만 장	기운이 만 길에 이를 만큼 치솟는다는 뜻으로, 일이 자신의 뜻대로 잘 되어 신이 나서 기세가 대단한 것을 일컫는 말. 또는 펄펄 뛸 듯이 성을 낼 때를 가리키기도 함. 故事成語

氣 高 萬 丈

氣	능시 7급 기운 기	气부의 6획	′ ´ 气 气 気 氣 氣 氣	氣 氣
高	능시 6급 높을 고	高부의 0획	′ ˊ ˋ 古 古 古 高 高	高 高
萬	능시 8급 일만 만	艸부의 9획	ˊ ˊ 艹 艹 苩 萬 萬 萬 萬	萬 萬
丈	능시 3-2급 길이 장	一부의 2획	一 ナ 丈	丈 丈

기 사 회 생	죽을 고비에서 벗어나 다시 살아난다는 뜻으로, 죽을 만큼 힘들거나 졌다고 생각하는 순간 다시 기운을 내서 새롭게 일어서는 모습을 비유하는 말. 〈유사어〉 구사일생(九死一生) 故事成語

起 死 回 生

起	능시 4-2급 일어날 기	走부의 3획	ˊ ˉ 土 耂 耂 非 走 起 起	起 起
死	능시 6급 죽을 사	歹부의 2획	一 ˊ 万 歹 死 死	死 死
回	능시 4-2급 회복할 회	口부의 3획	｜ 冂 冂 回 回 回	回 回
生	능시 8급 살 생	生부의 0획	′ ′ 一 生 生	生 生

기	인	지	우

杞人之憂

기(杞)나라 사람의 근심이란 뜻으로, 쓸데없는 걱정이나 무익한 근심을 이르는 말. 〈준말〉 기우(杞憂)

故事成語

杞	능시 1급 나라이름 **기**	木부의 3획 一 十 才 木 杞 杞 杞	杞 杞

人	능시 8급 사람 **인**	人부의 0획 丿 人	人 人

之	능시 3-2급 어조사 **지**	丿부의 3획 丶 亠 之	之 之

憂	능시 3-2급 근심 **우**	心부의 11획 一 丙 百 直 恵 惪 憂 憂	憂 憂

기	호	지	세

騎虎之勢

범에 올라탄 기세. 범의 등에 올라타면 도중에 내리는 순간 범에게 물리기 때문에 내릴 수 없는 것처럼, 이미 시작한 일이라 중도에서 그만둘 수 없고 끝을 내야만 할 형세를 가리키는 말. 〈동의어〉 기호난하(騎虎難下)

故事成語

騎	능시 3-2급 말탈 **기**	馬부의 8획 丨 厂 F F 芤 馬 馬 駇 駇 騎 騎 騎	騎 騎

虎	능시 3-2급 범 **호**	虍부의 2획 丨 卜 卢 广 庐 虎 虎 虎	虎 虎

之	능시 3-2급 어조사 **지**	丿부의 3획 丶 亠 之	之 之

勢	능시 4-2급 형세 **세**	力부의 11획 土 耂 幸 剚 執 執 勢 勢	勢 勢

落落長松

가지가 축축 늘어진 커다란 소나무. 즉 가지가 아래로 늘어질 만큼 오래되고 큰 소나무를 가리키는 말.

故事成語

落	능시 5급 떨어질 락	艹부의 9획 一 艹 艹 艿 莎 莎 茨 落 落	落 落					
落	능시 5급 떨어질 락	艹부의 9획 一 艹 艹 艿 莎 莎 茨 落 落	落 落					
長	능시 8급 길 장	長부의 0획 一 ㄐ ㄐ ㅌ ㅌ 투 長 長	長 長					
松	능시 4급 소나무 송	木부의 4획 一 十 才 木 木 杉 松 松	松 松					

難兄難弟

누구를 형이라 아우라 하기 어렵다는 뜻으로, 학식이나 지혜가 누가 더 낫다고 할 수 없을 정도로 둘이 서로 비슷하다는 말. 〈동의어〉 막상막하(莫上莫下)

故事成語

難	능시 4-2급 어려울 난	隹부의 11획 一 艹 苎 莒 莫 剿 難 難	難 難					
兄	능시 8급 형 형	儿부의 3획 丶 ㄇ ㅁ ㅁ ㄗ 兄	兄 兄					
難	능시 4-2급 어려울 난	隹부의 11획 一 艹 苎 莒 莫 剿 難 難	難 難					
弟	능시 8급 아우 제	弓부의 4획 丶 丶 丷 ㅛ 弓 弟 弟	弟 弟					

	남 가 일 몽	남쪽 가지에서의 꿈이란 뜻으로, 꿈과 같이 헛된 한때의 부귀영화. 인생의 덧없음을 비유한 말. 〈동의어〉 일장춘몽(一場春夢)
南柯一夢		故事成語

南	능시 8급 남녘 남	十부의 7획　一 十 广 内 内 南 南 南
柯	능시 2급 가지 가	木부의 5획　一 十 オ 木 木 杓 柯 柯
一	능시 8급 하나 일	一부의 0획　一
夢	능시 3-2급 꿈 몽	夕부의 11획　一 十 芣 莽 苗 萬 夢 夢

	남 귤 북 지	남쪽 땅의 귤나무를 북쪽에 옮겨 심으면 탱자나무로 변한다는 뜻으로, 사람도 그 처해 있는 곳에 따라 선하게도 되고 악하게도 됨을 이르는 말. 〈동의어〉 귤화위지(橘化爲枳)
南橘北枳		故事成語

南	능시 8급 남녘 남	十부의 7획　一 十 广 内 内 南 南 南
橘	능시 1급 귤나무 귤	木부의 12획　十 木 札 杼 杼 栯 栯 橘 橘 橘 橘
北	능시 8급 북녘 북	匕부의 3획　一 十 廾 北 北
枳	능시 1급 탱자나무 지	木부의 5획　一 十 オ 木 木 枳 枳 枳 枳

男女老少

남 녀 노 소

남자와 여자, 늙은이와 젊은이라는 뜻으로, 모든 사람을 이르는 말.

故事成語

男	능시 7급 / 남자 **남**	田부의 2획	丨冂冂冃田田男男
		男 男	
女	능시 8급 / 여자 **녀**	女부의 0획	く女女
		女 女	
老	능시 7급 / 늙을 **로**	老부의 0획	一 十 土 耂 耂 老
		老 老	
少	능시 7급 / 젊을 **소**	小부의 1획	丿丨小少
		少 少	

囊中之錐

낭 중 지 추

주머니 속의 송곳이란 뜻으로, 재능이 뛰어난 사람은 숨어 있어도 자연히 남의 눈에 드러난다는 것을 비유한 말.

故事成語

囊	능시 1급 / 주머니 **낭**	口부의 19획	一 亠 𠮧 亩 亩 亩 亩 亩 亩 亩 亩 亩 亩 亩 亩 亩 亩 亩
		囊 囊	
中	능시 8급 / 가운데 **중**	丨부의 3획	丨冂口中
		中 中	
之	능시 3-2급 / 어조사 **지**	丿부의 3획	丶 丶 亠 之
		之 之	
錐	능시 1급 / 송곳 **추**	金부의 8획	丿 𠂉 𠂤 𠂤 牟 牟 金 釒 鈩 鈩 錐 錐
		錐 錐	

노 심 초 사	애써서 속을 태운다는 말로, 마음 속으로 생각을 너무 깊게 하거나 몹시 애를 쓰며 속을 태운다는 뜻.
勞 心 焦 思	故事成語

勞	능시 5급	力부의 10획	` ` ` ` ` ` ` ` ` ` ` 炒 炒 炒 炒 炒 勞 勞
	수고로울 **로**	勞 勞	

心	능시 7급	心부의 0획	` 心 心 心
	마음 **심**	心 心	

焦	능시 2급	火부의 8획	ノ イ イ 作 作 作 隹 隹 焦 焦 焦
	속태울 **초**	焦 焦	

思	능시 5급	心부의 5획	` 口 曰 田 田 田 思 思 思
	생각 **사**	思 思	

녹 음 방 초	푸른 나무그늘과 꽃 같은 풀이라는 뜻으로, 나무가 푸르게 우거진 그늘과 싱그러운 풀이 가득한 여름의 아름다운 경치를 가리키는 말.
綠 陰 芳 草	故事成語

綠	능시 6급	糸부의 8획	糸 糸 糸 糸 糸 糸 綠 綠
	초록 **록**	綠 綠	

陰	능시 4-2급	阜부의 8획	阝 阝 阞 阞 陰 陰 陰 陰
	그늘 **음**	陰 陰	

芳	능시 3-2급	艸부의 4획	` ` 艹 艹 艹 艹 芳 芳
	꽃향기 **방**	芳 芳	

草	능시 7급	艸부의 6획	` 艹 艹 艹 芍 苜 苴 草
	풀 **초**	草 草	

| 논 | 공 | 행 | 상 | 세운 공을 논하여 각각 알맞은 상을 준다는 뜻으로, 공로의 있음과 없음 또는 크고 작음을 따져서 그에 합당한 상을 내리는 것을 이르는 말. |

論功行賞

故事成語

| 論 | 능시 4-2급 | 논의할 **론** | 論 論 | 言부의 8획 | 亠 言 言 許 許 論 論 論 |

| 功 | 능시 6급 | 공로 **공** | 功 功 | 力부의 3획 | 一 丅 工 功 功 |

| 行 | 능시 6급 | 행할 **행** | 行 行 | 行부의 0획 | 丿 彳 彳 行 行 |

| 賞 | 능시 5급 | 상줄 **상** | 賞 賞 | 貝부의 8획 | 丨 ⺍ 屵 屵 屵 賞 賞 賞 |

| 누 | 란 | 지 | 위 | 알을 쌓은 듯한 위태로움이라는 뜻으로, 쌓아 놓은 알과 같이 매우 위태로운 형세. 〈동의어〉 백척간두(百尺竿頭), 풍전등화(風前燈火) |

累卵之危

故事成語

| 累 | 능시 3-2급 | 묶을 **누** | 累 累 | 糸부의 5획 | 丶 冂 曰 田 田 累 累 累 |

| 卵 | 능시 4급 | 알 **란** | 卵 卵 | 卩부의 5획 | 丶 ㄈ 乍 乒 卵 卵 |

| 之 | 능시 3-2급 | 어조사 **지** | 之 之 | 丿부의 3획 | 丶 亠 之 |

| 危 | 능시 4급 | 위태할 **위** | 危 危 | 卩부의 4획 | 丿 ⺈ 产 乍 危 危 |

다	기	망	양	길이 여러 갈래여서 양을 잃었다는 뜻으로, 학문의 길이 다방면으로 갈려 진리를 얻기 어려울 경우 또는 방침이 많아서 오히려 어떻게 할 바를 모를 경우를 일컫는 말.

多岐亡羊 故事成語

多	능시 6급	많을 다	夕부의 3획	' ク タ タ 多 多	多 多				
岐	능시 2급	갈림길 기	山부의 4획	' 丄 山 屮 屵 岐 岐	岐 岐				
亡	능시 5급	망할 망	亠부의 1획	` 亠 亡	亡 亡				
羊	능시 4-2급	양 양	羊부의 0획	` ` ` ` ` 半 半 羊	羊 羊				

다	다	익	선	중국 전한 때 한고조 유방에게 그의 휘하 장수인 한신이 한 말에서 비롯된 말로, 많으면 많을수록 더욱 좋다라는 뜻.

多多益善 故事成語

多	능시 6급	많을 다	夕부의 3획	' ク タ タ 多 多	多 多				
多	능시 6급	많을 다	夕부의 3획	' ク タ タ 多 多	多 多				
益	능시 4-2급	더욱 익	皿부의 5획	八 八 八 益 益	益 益				
善	능시 5급	좋을 선	口부의 9획	' 亠 羊 羊 羊 善 善 善	善 善				

다	사	다	난	일도 많고 어려움도 많다는 뜻으로, 세상을 살면서 여러 가지로 일도 많고 다양한 사건도 많음을 이르는 말. 〈동의어〉 다사다단(多事多端)
多	事	多	難	故事成語

| 多 | 능시 6급
많을 **다** | 夕부의 3획 | ╱ ╱ ╱ ╱ 多 多 | 多 | 多 | | | | |

| 事 | 능시 7급
일 **사** | 亅부의 7획 | 一 一 一 一 一 一 一 事 | 事 | 事 | | | | |

| 多 | 능시 6급
많을 **다** | 夕부의 3획 | ╱ ╱ ╱ ╱ 多 多 | 多 | 多 | | | | |

| 難 | 능시 4~2급
어려울 **난** | 隹부의 11획 | 一 艹 苩 苩 堇 葽 蓳 難 | 難 | 難 | | | | |

다	재	다	능	여러 가지로 재주와 능력이 많다는 뜻으로, 뛰어난 능력을 갖춘 사람을 가리키는 말. 〈유사어〉 다문박식(多聞博識), 박학다식(博學多識)
多	才	多	能	故事成語

| 多 | 능시 6급
많을 **다** | 夕부의 3획 | ╱ ╱ ╱ ╱ 多 多 | 多 | 多 | | | | |

| 才 | 능시 6급
재주 **재** | 手부의 0획 | 一 十 才 | 才 | 才 | | | | |

| 多 | 능시 6급
많을 **다** | 夕부의 3획 | ╱ ╱ ╱ ╱ 多 多 | 多 | 多 | | | | |

| 能 | 능시 5급
능할 **능** | 肉부의 6획 | 厶 牟 肖 肖 肖 能 能 能 | 能 | 能 | | | | |

단	금	지	교	쇠라도 자를 수 있는 굳고 단단한 사귐이란 뜻으로, 친구의 정의(情誼)가 매우 두터움을 이르는 말.
斷	金	之	交	故事成語

斷	능시 4-2급 끊을 **단**	斤부의 14획	ᵃ ᶤ ᶤᶤ ᵗᵗ ᵗᵗᵗ ᵗᵗᵗ 斷 斷
		斷 斷	

金	능시 8급 쇠 **금**	金부의 0획	ノ 人 人 今 全 全 余 金 金
		金 金	

之	능시 3-2급 어조사 **지**	ノ부의 3획	丶 一 ᄀ 之
		之 之	

交	능시 6급 사귈 **교**	亠부의 4획	丶 一 亠 六 亣 交
		交 交	

단	도	직	입	한 자루의 칼을 휘두르며 적진으로 쳐들어 간다는 말로, 요점이나 중심을 곧바로 말한다는 뜻.
單	刀	直	入	故事成語

單	능시 4-2급 홑 **단**	口부의 9획	ᵖ ᵖᵖ ᵖᵖ ᵖᵖ ᵖᵖ ᵖᵖ 單 單
		單 單	

刀	능시 3-2급 칼 **도**	刀부의 0획	フ 刀
		刀 刀	

直	능시 7급 곧을 **직**	目부의 3획	一 十 十 гᵊ гᵊ 冇 直 直
		直 直	

入	능시 7급 들어갈 **입**	入부의 0획	ノ 入
		入 入	

당 구 풍 월	서당 개 삼 년에 풍월을 읊는다는 뜻. 즉 아무리 무식한 사람이라도 그 부문에 함께 해서 오래 있으면 어느덧 영향을 입어 조금이라도 알게 된다는 것을 이르는 말.
堂狗風月	故事成語

堂	능시 6급	마당 당	土부의 8획	`` ` ` `` ⺌ ⺌ ⺌ 尚 尚 堂 堂	堂 堂

狗	능시 3급	개 구	犬부의 5획	ノ 丁 才 犭 狗 狗 狗 狗	狗 狗

風	능시 6급	바람 풍	風부의 0획	ノ 几 几 凡 凨 風 風 風	風 風

月	능시 8급	달 월	月부의 0획	ノ 刀 月 月	月 月

대 기 만 성	큰 그릇은 늦게 이루어진다는 말로, 크게 될 인물은 오랜 공적을 쌓아 늦게 이루어진다는 뜻.
大器晚成	故事成語

大	능시 8급	클 대	大부의 0획	一 ナ 大	大 大

器	능시 4-2급	그릇 기	口부의 13획	`` `` `` 口 口 叩 吅 哭 哭 器 器	器 器

晚	능시 3-2급	늦을 만	日부의 7획	冂 日 日' 旷 胪 昡 晩 晩	晚 晚

成	능시 6급	이룰 성	戈부의 3획	ノ 厂 厂 厈 成 成 成	成 成

大書特筆

큰 글씨로 특히 뚜렷이 드러나게 쓴다는 말로, 특히 신문 기사에서 큰 비중으로 다룬다는 뜻.

故事成語

大	능시 8급 클 대	大부의 0획	一ナ大					
			大	大				

書	능시 6급 글씨 서	日부의 6획	フユユヨヨ申書書書					
			書	書				

特	능시 6급 특히 특	牛부의 6획	ノ 丬 牛 牛 牛 特 特 特					
			特	特				

筆	능시 5급 쓸 필	竹부의 6획	ノ 시 竹 竹 竿 竿 竿 筆					
			筆	筆				

獨不將軍

혼자서는 장군이 되지 못한다는 뜻으로, 무슨 일이든지 제멋대로 혼자서 처리하는 사람을 가리키는 말.

故事成語

獨	능시 5급 홀로 독	犬부의 13획	犭 犭 犷 獨 獨 犸 獨 獨					
			獨	獨				

不	능시 7급 아닐 불	一부의 3획	一フ不不					
			不	不				

將	능시 4-2급 장수 장	寸부의 8획	丨 爿 爿 爿 护 护 將 將					
			將	將				

軍	능시 8급 군사 군	車부의 2획	一 冖 冖 冖 宜 宜 宣 宣 軍					
			軍	軍				

독야청청
獨也靑靑

홀로 푸르게 서 있는 모습. 모든 것이 변해도 결코 변하지 않고 제 모습을 지키는 굳은 절개를 가리키는 말.

故事成語

한자	급수	뜻·음	부수·획수	필순
獨	능시 5급	홀로 독	犬부의 13획	犭 犭 狆 狎 狎 猬 獨 獨
也	능시 3급	어조사 야	乙부의 2획	𠃌 也 也
靑	능시 8급	푸를 청	靑부의 0획	一 十 丰 主 丰 靑 靑 靑
靑	능시 8급	푸를 청	靑부의 0획	一 十 丰 主 丰 靑 靑 靑

동가홍상
同價紅裳

같은 값이면 다홍치마. 즉 같은 값이면 품질이 더 좋은 것을 선택한다는 뜻.

故事成語

한자	급수	뜻·음	부수·획수	필순
同	능시 7급	같을 동	口부의 3획	丨 冂 冂 同 同 同
價	능시 5급	값 가	人 부의13획	亻 亻 伒 価 価 價 價 價
紅	능시 4급	붉을 홍	糸부의 3획	幺 幺 幺 糸 糸 紅 紅 紅
裳	능시 3-2급	치마 상	衣부의 8획	丷 ⺌ 尚 尚 堂 掌 裳 裳

同苦同樂

동 고 동 락

괴로움도 같이하고 즐거움도 같이한다는 뜻으로, 같이 고생하고 같이 즐기는 것을 이르는 말.

故事成語

同	능시 7급 같을 동	口부의 3획 ㅣ 冂 冂 同 同 同	同 同				
苦	능시 6급 괴로울 고	艸부의 5획 ㅣ ㅗ ㅗ 芊 芊 苦 苦	苦 苦				
同	능시 7급 같을 동	口부의 3획 ㅣ 冂 冂 同 同 同	同 同				
樂	능시 6급 즐거울 락	木부의 11획 白 伯 綝 幾 樂 樂 樂 樂	樂 樂				

東問西答

동 문 서 답

동쪽을 물었더니 서쪽을 대답한다는 뜻으로, 어떤 물음에 대해 전혀 엉뚱한 대답을 하는 경우를 이르는 말.

故事成語

東	능시 8급 동녘 동	木부의 4획 一 ㄷ 币 币 百 東 東 東	東 東				
問	능시 7급 물을 문	口부의 8획 ㅣ 广 户 户 門 門 問 問	問 問				
西	능시 8급 서녘 서	西부의 0획 一 ㄷ 币 两 西 西	西 西				
答	능시 7급 대답할 답	竹부의 6획 ノ ㅗ ㅆ ㅆ 笁 笁 答 答	答 答				

同病相憐

같은 병자끼리 가엾게 여긴다는 뜻으로, 어려운 처지에 있는 사람끼리 서로 불쌍히 여겨 동정하고 서로 돕는 것을 이르는 말.

故事成語

同	능시 7급 한가지 **동**	口부의 3획	ㅣ 冂 冂 冋 同 同	同 同
病	능시 6급 병들 **병**	疒부의 5획	亠 广 疒 疒 疒 病 病 病	病 病
相	능시 5급 서로 **상**	目부의 4획	一 十 才 木 相 相 相 相	相 相
憐	능시 3급 불쌍히 여길 **련**	心부의 12획	丶 忄 忄 忴 憐 憐 憐 憐	憐 憐

東奔西走

동쪽 서쪽으로 몹시 바쁘게 달려 나간다는 뜻으로, 빠르고 분주하게 움직이는 모습을 가리키는 말.

故事成語

東	능시 8급 동녘 **동**	木부의 4획	一 厂 币 百 申 東 東	東 東
奔	능시 3-2급 달릴 **분**	大부의 5획	一 ナ 大 本 本 夲 奔 奔	奔 奔
西	능시 8급 서녘 **서**	西부의 0획	一 丆 币 两 西 西	西 西
走	능시 4-2급 달릴 **주**	走부의 0획	一 十 土 キ キ 走 走	走 走

동 상 이 몽	같은 침대에서 자면서 다른 꿈을 꾼다는 뜻으로, 겉으로는 같이 행동하지만 실제로는 의견이나 생각이 다른 사이를 가리키는 말.
同床異夢	故事成語

| 同 | 능시 7급 | 같을 동 | 口부의 3획 | �丨 冂 冂 同 同 同 | 同 同 | | | | |

| 床 | 능시 4-2급 | 평상 상 | 广부의 4획 | 丶 一 广 广 庄 床 床 | 床 床 | | | | |

| 異 | 능시 4급 | 다를 이 | 田부의 6획 | 冂 口 田 田 思 毘 毘 毘 異 | 異 異 | | | | |

| 夢 | 능시 3-2급 | 꿈 몽 | 夕부의 11획 | 丶 十 艹 芣 芇 莅 夢 夢 | 夢 夢 | | | | |

동 서 고 금	동양(東洋)과 서양(西洋), 그리고 옛날과 오늘이라는 말로, '어디서나, 언제나'의 뜻.
東西古今	故事成語

| 東 | 능시 8급 | 동녘 동 | 木부의 4획 | 一 厂 市 市 百 申 東 東 | 東 東 | | | | |

| 西 | 능시 8급 | 서녘 서 | 西부의 0획 | 一 丆 冄 丙 西 西 | 西 西 | | | | |

| 古 | 능시 6급 | 옛 고 | 口부의 2획 | 一 十 古 古 古 | 古 古 | | | | |

| 今 | 능시 6급 | 이제 금 | 人부의 2획 | 丿 人 厶 今 | 今 今 | | | | |

두 문 불 출		문을 닫아 걸고 밖으로 나가지 않는다는 뜻으로, 집에만 박혀 있으면서 결코 바깥 출입을 하지 않는 모습을 가리키는 말.
杜門不出		故事成語

杜	능시 2급 달을 두	木부의 3획 一 十 才 才 木 杜 杜	杜 杜				
門	능시 8급 문 문	門부의 0획 ㅣ ㅣ ㅣ ㅣ ㅣ ㄲ 門 門 門	門 門				
不	능시 7급 아닐 불	一부의 3획 一 ㄱ 구 不	不 不				
出	능시 7급 날 출	凵부의 3획 ㅣ 屮 中 出 出	出 出				

등 고 자 비		높은 곳에 오르려면 낮은 곳으로부터 오른다는 뜻으로, 모든 일에는 차례를 밟아야 한다는 말. 또는 지위가 높아질수록 스스로를 낮춘다는 뜻.
登高自卑		故事成語

登	능시 7급 오를 등	癶부의 7획 ㄱ � 癶 癶 癶 啓 登 登	登 登				
高	능시 6급 높을 고	高부의 0획 ' 一 ㅗ ㅗ 古 古 高 高	高 高				
自	능시 7급 스스로 자	自부의 0획 ' 丨 冂 白 白 自	自 自				
卑	능시 3-2급 낮을 비	十부의 6획 ' 丨 冂 白 白 白 鱼 卑	卑 卑				

등 하 불 명	등불 아래가 밝지 않다는 뜻으로, 가까이에서 생긴 일을 오히려 잘 모르는 경우를 일컫는 말.
燈 下 不 明	故事成語

燈	능시 4-2급 등불 **등**	火부의 12획	丬 丬 丬 丬 丬 炒 燈 燈	燈 燈				
下	능시 7급 아래 **하**	一부의 2획	一 丁 下	下 下				
不	능시 7급 아닐 **불**	一부의 3획	一 フ 了 不	不 不				
明	능시 6급 밝을 **명**	日부의 4획	丨 刀 日 日 日 明 明 明	明 明				

등 화 가 친	등불과 가히 친할 만하다는 말로, 서늘한 가을밤은 등불을 가까이 하여 글을 읽기에 좋다는 뜻.
燈 火 可 親	故事成語

燈	능시 4-2급 등불 **등**	火부의 12획	丬 丬 丬 丬 丬 炒 燈 燈	燈 燈				
火	능시 8급 불 **화**	火부의 0획	丶 丷 少 火	火 火				
可	능시 5급 가히 **가**	口부의 2획	一 丆 丆 可 可	可 可				
親	능시 6급 친할 **친**	見부의 9획	立 立 产 亲 亲 新 新 親 親	親 親				

51

마	부	작	침	도끼를 갈아 바늘을 만든다는 뜻으로, 아무리 어려운 일이라도 끈기 있게 노력하면 이룰 수 있음을 비유하는 말.
磨	斧	作	針	故事成語

| 磨 | 능시 3-2급
갈 마 | 石부의 11획 | 一 广 广 庁 庐 麻 麻 磨 磨 磨 | | | | |

| 斧 | 능시 1급
도끼 부 | 斤부의 4획 | 丿 丷 父 父 答 斧 斧 斧 斧 | | | | |

| 作 | 능시 6급
만들 작 | 人부의 5획 | 丿 亻 亻 亻 作 作 作 作 作 | | | | |

| 針 | 능시 4급
바늘 침 | 金부의 2획 | 丿 丶 上 牟 余 金 金 針 針 針 | | | | |

마	이	동	풍	말의 귀에 동풍이라는 뜻으로, 남의 비평이나 의견을 조금도 귀담아 듣지 아니하고 흘려 버림을 이르는 말.
馬	耳	東	風	故事成語

| 馬 | 능시 5급
말 마 | 馬부의 0획 | 丨 厂 厂 丙 丙 馬 馬 馬 馬 馬 | | | | |

| 耳 | 능시 5급
귀 이 | 耳부의 0획 | 一 厂 厂 日 匝 耳 耳 耳 | | | | |

| 東 | 능시 8급
동녘 동 | 木부의 4획 | 一 厂 曰 申 申 東 東 東 | | | | |

| 風 | 능시 6급
바람 풍 | 風부의 0획 | 丿 几 凡 凤 凤 風 風 風 風 | | | | |

막	상	막	하
莫	上	莫	下

위도 없고 아래도 없다는 말로, 낮고 못함의 차이가 없다는 뜻. 〈동의어〉 난형난제(難兄難弟)

故事成語

| 莫 | 능시 3-2급 없을 **막** | 艹부의 7획 　一十十节节苔莫莫 | 莫 莫 | | | |

| 上 | 능시 7급 윗 **상** | 一부의 2획 　｜卜上 | 上 上 | | | |

| 莫 | 능시 3-2급 없을 **막** | 艹부의 7획 　一十十节节苔莫莫 | 莫 莫 | | | |

| 下 | 능시 7급 아래 **하** | 一부의 2획 　一丁下 | 下 下 | | | |

막	역	지	우
莫	逆	之	友

마음이 맞아 서로 거스르는 일이 없는 친밀한 벗이라는 뜻으로, 아주 허물없이 친한 사이를 이르는 말.

故事成語

| 莫 | 능시 3-2급 없을 **막** | 艹부의 7획 　一十十节节苔莫莫 | 莫 莫 | | | |

| 逆 | 능시 4-2급 거스를 **역** | 辶부의 6획 　丷丷屰屰逆逆 | 逆 逆 | | | |

| 之 | 능시 3-2급 어조사 **지** | 丿부의 3획 　丶ㄴ之 | 之 之 | | | |

| 友 | 능시 5급 벗 **우** | 又부의 2획 　一ナ方友 | 友 友 | | | |

갈림길에서 양을 잃고 탄식한다는 뜻으로, 학문의 길도 여러 갈래라서 길을 잡기 어렵다는 말. 〈동의어〉 다기망양(多岐亡羊)

亡羊之歎

故事成語

亡	능시 5급 망할 망	亡부의 1획 `, 一 亡	亡 亡
羊	능시 4-2급 양 양	羊부의 0획 `, ` ` ゛ ゛ ゠ 羊	羊 羊
之	능시 3-2급 어조사 지	ノ부의 3획 `, 一 ウ 之	之 之
歎	능시 4급 탄식할 탄	欠부의 11획 一 艹 甘 苣 萁 歎 歎 歎	歎 歎

무성히 자라는 보리를 보고 하는 탄식이라는 뜻으로, 고국의 멸망에 대한 탄식을 이르는 말.

麥秀之歎

故事成語

麥	능시 3-2급 보리 맥	麥부의 0획 一 イ ズ 市 少 央 麥 麥	麥 麥
秀	능시 4급 빼어날 수	禾부의 2획 一 二 千 禾 禾 秀 秀	秀 秀
之	능시 3-2급 어조사 지	ノ부의 3획 `, 一 ウ 之	之 之
歎	능시 4급 탄식할 탄	欠부의 11획 一 艹 甘 苣 萁 歎 歎 歎	歎 歎

맹	모	삼	천	맹자의 어머니가 맹자를 제대로 교육하기 위해 집을 세 번이나 옮겼다는 뜻으로, 교육에는 주위 환경이 매우 중요하다는 것을 가르치는 말. 〈유사어〉 맹모단기(孟母斷機)
孟 母 三 遷				故事成語

孟	능시 3-2급 만 **맹**	子부의 5획	一 了 子 子 舌 舌 孟 孟

孟 孟

母	능시 8급 어미 **모**	母부의 1획	𠃋 乊 㐅 母 母

母 母

三	능시 8급 석 **삼**	一부의 2획	一 二 三

三 三

遷	능시 3-2급 옮길 **천**	辵부의 11획	一 覀 西 㢏 㢏 粟 覼 遷

遷 遷

명	경	지	수	맑고 깨끗한 거울처럼 잔잔하게 정지되어 있는 물을 뜻함. 즉 잡념이 없이 아주 맑고 깨끗한 마음을 비유하는 말.
明 鏡 止 水				故事成語

明	능시 6급 밝을 **명**	日부의 4획	丨 冂 冃 日 日 明 明 明

明 明

鏡	능시 4급 거울 **경**	金부의 11획	𠂉 全 金 釒 釘 鏡 鏡 鏡

鏡 鏡

止	능시 5급 그칠 **지**	止부의 0획	丨 丄 止 止

止 止

水	능시 8급 물 **수**	水부의 0획	亅 刁 水 水

水 水

明 若 觀 火

밝기가 불을 보는 것과 같다는 뜻으로, 더 말할 나위 없이 명백한 사실이나 사건을 이르는 말.

故事成語

明	능시 6급	日부의 4획	ㅣ ㄇ ㅐ 日 ㅼ 朋 明 明				
밝을 명		明 明					

若	능시 3-2급	艹부의 5획	ㅣ ㅋ ㅕ 艹 艹 若 若				
같을 약		若 若					

觀	능시 5급	見부의 18획	ㅣ ㅗ 品 苟 萑 藋 藋 觀 觀				
볼 관		觀 觀					

火	능시 8급	火부의 0획	ㅣ ㅛ 火 火				
불 화		火 火					

目 不 識 丁

눈 앞에 고무래를 놓고도 丁자를 알지 못한다는 말로, 글자를 전혀 모르거나 또는 그런 사람을 뜻함. 〈동의어〉일자무식(一字無識)

故事成語

目	능시 6급	目부의 0획	ㅣ ㄇ ㄇ ㅐ 目				
눈 목		目 目					

不	능시 7급	一부의 3획	ㅡ ㄱ ㅈ 不				
아닐 불		不 不					

識	능시 5급	言부의 12획	ㅛ 言 言 訁 諳 諳 識 識				
알 식		識 識					

丁	능시 4급	一부의 1획	ㅡ 丁				
고무래 정		丁 丁					

무 릉 도 원	도연명(陶淵明)의 도화원기(桃花源記)에 나오는 별천지를 말함. 진
武 陵 桃 源	나라 때 난리를 피한 사람들이 살았다는 곳으로, 모든 사람들이 화목하고 행복하게 사는 이상향을 일컫는 말. 선경(仙境) 故事成語

武	능시 4-2급 굳셀 **무**	止부의 4획 一 二 干 于 正 武 武	武 武			
陵	능시 3-2급 무덤 **릉**	阜부의 8획 阝 阝 阡 阡 陕 陕 陵 陵	陵 陵			
桃	능시 3-2급 복숭아 **도**	木부의 6획 十 木 利 杙 材 机 桃 桃	桃 桃			
源	능시 4급 근원 **원**	水부의 10획 氵 氵 沪 沪 沪 沪 源 源	源 源			

무 병 장 수	병 없이 오래 산다는 뜻. 인간의 오랜 염원 가운데 하나로 병 없이
無 病 長 壽	건강하게 오래도록 사는 것을 이르는 말. 〈유사어〉 만수무강(萬壽無疆) 故事成語

無	능시 5급 없을 **무**	火부의 8획 ノ ト � 佔 無 無 無 無	無 無			
病	능시 6급 병 **병**	疒부의 5획 亠 广 疒 疒 疒 病 病 病	病 病			
長	능시 8급 길 **장**	長부의 0획 ㅣ ㅑ ㅑ ㅌ 튼 트 長 長	長 長			
壽	능시 3-2급 목숨 **수**	士부의 11획 十 士 吉 圭 圭 壽 壽 壽	壽 壽			

무	소	불	위	하지 못하는 것이 어디에도 없다는 뜻으로, 무슨 일이든지 할 수 있는 힘이나 권력을 가리키는 말.
無	所	不	爲	故事成語

無	능시 5급 / 없을 무	火부의 8획	ノ ヒ ニ 乍 钲 無 無 無	無 無
所	능시 7급 / 바 소	戶부의 4획	` ﾉ ﾅ ﾅ ﾅ 所 所 所	所 所
不	능시 7급 / 아닐 불	一부의 3획	一 ﾌ 不 不	不 不
爲	능시 4-2급 / 할 위	爪부의 8획	ノ ﾟ ﾟ 广 产 产 爲 爲 爲	爲 爲

무	용	지	물	쓸모없는 물건이라는 뜻으로, 아무 곳에도 쓸모가 없는 물건이나 아무짝에도 쓸데없는 사람을 가리키는 말.
無	用	之	物	故事成語

無	능시 5급 / 없을 무	火부의 8획	ノ ヒ ニ 乍 钲 無 無 無	無 無
用	능시 6급 / 쓸 용	用부의 0획	ノ 刀 月 月 用	用 用
之	능시 3-2급 / 어조사 지	ノ부의 3획	` ﾉ ㇈ 之	之 之
物	능시 7급 / 물건 물	牛부의 4획	ノ 亠 牛 牛 牜 牞 物 物	物 物

無 爲 徒 食 (무 위 도 식)

하는 일 없이 헛되이 먹기만 한다는 뜻으로, 아무 일도 하지 않으면서 오직 먹고 놀기만 하는 모습을 말함. 게으르거나 능력이 없는 사람을 이르는 말.

故事成語

無	능시 5급	없을 무	火부의 8획	ノ ナ ニ 午 無 無 無 無	無 無
爲	능시 4-2급	할 위	爪부의 8획	ノ ハ ハ ハ ヶ ヶ 爲 爲 爲	爲 爲
徒	능시 4급	다만 도	彳부의 7획	彳 彳 彳 社 社 徒 徒 徒	徒 徒
食	능시 7급	밥 식	食부의 0획	ノ 入 人 今 今 食 食 食	食 食

聞 一 知 十 (문 일 지 십)

하나를 들으면 열을 안다는 뜻으로, 한 가지를 들으면 열 가지를 미루어 아는 총명함을 이르는 말.

故事成語

聞	능시 6급	들을 문	耳부의 8획	I I' I'' I' 門 門 門 聞 聞	聞 聞
一	능시 8급	하나 일	一부의 0획	一	一 一
知	능시 5급	알 지	矢부의 3획	ノ ト ニ チ 矢 知 知 知	知 知
十	능시 8급	열 십	十부의 0획	一 十	十 十

門 前 成 市	문 앞에서 시장이 이루어진다는 뜻으로, 권세가나 부잣집 문 앞이 늘 방문객들로 붐비거나 찾아오는 사람이 많다는 것을 이르는 말. 故事成語

門	능시 8급 문 **문**	門부의 0획 丨 冂 冂 冂 門 門 門 門	門 門		

| 前 | 능시 7급 앞 **전** | 刀부의 7획 丷 丷 广 疒 疒 前 前 前 | 前 前 | | |

| 成 | 능시 6급 이룰 **성** | 戈부의 3획 丿 厂 厂 厉 成 成 成 | 成 成 | | |

| 市 | 능시 7급 저자 **시** | 巾부의 2획 丶 亠 亠 市 市 | 市 市 | | |

美 風 良 俗	아름답고 좋은 풍속이나 기풍을 이르는 말. 〈동의어〉 순풍미속(淳風美俗). 故事成語

美	능시 6급 아름다울 **미**	羊부의 3획 丷 丷 丷 꾸 羊 羊 美 美	美 美		

| 風 | 능시 6급 풍습 **풍** | 風부의 0획 丿 几 几 凡 凤 凨 風 風 風 | 風 風 | | |

| 良 | 능시 5급 좋을 **량** | 艮부의 1획 丶 ヿ ヨ ㅋ 皀 良 良 | 良 良 | | |

| 俗 | 능시 4-2급 풍습 **속** | 人부의 7획 亻 亻 俗 俗 俗 俗 俗 俗 | 俗 俗 | | |

拍 掌 大 笑

손바닥을 치며 크게 웃는다는 뜻으로, 박수를 치면서 신나고 즐겁게 웃는 모습을 표현한 말.

故事成語

拍	능시 4급	칠 박	手부의 5획	一 扌 扌 扩 拍 拍 拍
			拍 拍	

掌	능시 3-2급	손바닥 장	手부의 8획	一 ⺌ 半 尚 尚 堂 堂 堂 掌
			掌 掌	

大	능시 8급	큰 대	大부의 0획	一 ナ 大
			大 大	

笑	능시 4-2급	웃을 소	竹부의 4획	ノ ト 竹 竹 竹 竺 竺 笋 笑
			笑 笑	

半 信 半 疑

반은 믿고 반은 의심한다는 뜻. 한편으로는 믿지만 다른 한편으로는 의심하는 모습, 믿을 수도 없고 그렇다고 안 믿을 수도 없는 경우를 말함.

故事成語

半	능시 6급	반 반	十부의 3획	＇ ⼍ 幷 半
			半 半	

信	능시 6급	믿을 신	人부의 7획	亻 亻 亻 佇 佇 信 信 信
			信 信	

半	능시 6급	반 반	十부의 3획	＇ ⼍ 幷 半
			半 半	

疑	능시 4급	의심할 의	疋부의 9획	＇ ヒ 矣 矣 疑 疑 疑
			疑 疑	

발 본 색 원	뿌리를 뽑아버리고 근원을 막아버림. 즉 사물의 폐단(弊端)을 없애기 위해서 그 뿌리째 뽑아버리는 것을 가리키는 말.
拔本塞源	故事成語

拔	능시 3-2급	뽑을 **발**	手부의 5획	一 十 才 扩 扩 扒 拔 拔	拔 拔				

本	능시 6급	근본 **본**	木부의 1획	一 十 才 木 本	本 本				

塞	능시 3-2급	막을 **색**	土부의 10획	宀 宀 宀 宎 宭 実 寒 塞	塞 塞				

源	능시 4급	근원 **원**	水부의 10획	氵 氵 氵 汀 沪 沔 源 源	源 源				

방 약 무 인	곁에 아무도 없는 것처럼 여긴다는 뜻으로, 주위에 있는 다른 사람을 전혀 의식하지 않고 제멋대로 행동하는 것을 이르는 말.
傍若無人	故事成語

傍	능시 3급	곁 **방**	人부의 10획	亻 忄 忄 俨 伜 倅 傍 傍	傍 傍				

若	능시 3-2급	같을 **약**	艸부의 5획	丷 丬 苧 艻 艿 若 若	若 若				

無	능시 5급	없을 **무**	火부의 8획	丿 仁 仁 缶 缶 無 無 無	無 無				

人	능시 8급	사람 **인**	人부의 0획	丿 人	人 人				

배	수	지	진	물을 등지고 진을 친다는 뜻으로, 목숨을 걸고 싸울 수밖에 없는 지경을 이르는 말. 어려움을 무릅쓰고 어떤 일에 단판을 내려는 태세를 의미함.
背 水 之 陣				故事成語

背	능시 4-2급 등질 배	肉부의 5획	） ｊ 土 爿 北 背 背 背　背　背

水	능시 8급 물 수	水부의 0획	丿 刁 水 水　水　水

之	능시 3-2급 어조사 지	丿부의 3획	丶 ニ 之　之　之

陣	능시 4급 진칠 진	阜부의 7획	３ ｐ ｐ 阿 阿 阿 陣 陣　陣　陣

백	골	난	망	흰 뼈만 남더라도 잊기 어렵다는 말로, 죽어서 백골이 된다 해도 은혜를 잊을 수 없다는 뜻.
白 骨 難 忘				故事成語

白	능시 8급 흰 백	白부의 0획	丿 亻 白 白 白　白　白

骨	능시 4급 뼈 골	骨부의 0획	冂 冂 冎 冎 咼 骨 骨 骨　骨　骨

難	능시 4-2급 어려울 난	隹부의 11획	一 廿 昔 苣 莫 斳 斳 難 難　難　難

忘	능시 3급 잊을 망	心부의 3획	丶 亠 亡 忘 忘 忘　忘　忘

백	년	대	계	백 년 앞을 내다보고 계획을 세움. 즉 눈앞의 이익만을 살피지 않고 먼 미래를 준비하는 큰 계획을 뜻하는 말.
百	年	大	計	故事成語

百	능시 7급 일백 **백**	白부의 1획　一 丆 丆 丆 百 百 百　百					

年	능시 8급 해 **년**	干부의 3획　丿 ㄠ ㄠ 年 年 年 年　年					

大	능시 8급 큰 **대**	大부의 0획　一 ナ 大 大　大					

計	능시 6급 계략 **계**	言부의 2획　丶 亠 言 言 言 言 計 計　計					

백	년	하	청	백년을 기다려도 황하의 흐린 물은 맑아지지 않는다는 뜻으로, 아무리 오래 기다려도 이루어지기 어려움을 뜻하는 말.
百	年	河	淸	故事成語

百	능시 7급 일백 **백**	白부의 1획　一 丆 丆 丆 百 百 百　百					

年	능시 8급 해 **년**	干부의 3획　丿 ㄠ ㄠ 年 年 年 年　年					

河	능시 5급 물 **하**	水부의 5획　丶 冫 氵 汀 沪 沪 河 河　河					

淸	능시 6급 맑을 **청**	水부의 8획　氵 氵 汁 泮 清 清 淸 淸 淸　淸					

백	면	서	생
白	面	書	生

희고 고운 얼굴에 글만 읽는 사람이란 뜻으로, 오직 글만 읽고 세상 일에는 조금도 경험이 없는 사람을 이르는 말.

故事成語

白	능시 8급	흰 **백**	白부의 0획	´ ㅓ 白 白 白	白	白			
面	능시 7급	얼굴 **면**	面부의 0획	´ ㄱ 丆 而 而 面 面 面 面	面	面			
書	능시 6급	글 **서**	日부의 6획	ㄱ ㄱ ⺕ 書 書 書 書 書 書 書	書	書			
生	능시 8급	날 **생**	生부의 0획	´ ㅏ 드 牛 生	生	生			

백	의	민	족
白	衣	民	族

흰 옷을 입던 민족이라는 뜻으로, 흰 옷을 즐겨 입던 한국 민족을 가리키는 말.

故事成語

白	능시 8급	흰 **백**	白부의 0획	´ ㅓ 白 白 白	白	白			
衣	능시 6급	옷 **의**	衣부의 0획	` ㅗ ㅗ ㅓ 衣 衣	衣	衣			
民	능시 8급	백성 **민**	氏부의 1획	ㄱ ㄱ 尸 尸 民	民	民			
族	능시 6급	겨레 **족**	方부의 7획	` ㅗ 方 方 扩 扩 扩 族 族	族	族			

백	의	종	군

白衣從軍

흰 옷을 입고 군대에 복무하는 것. 즉 벼슬이 없는 말단군인으로 군대를 따라 전쟁터에 나가 참전함.

故事成語

白	능시 8급	흰 **백**	白부의 0획	′ ′ 白 白 白	白 白
衣	능시 6급	옷 **의**	衣부의 0획	` 一 亠 ㄣ ㄣ 衣	衣 衣
從	능시 4급	좇을 **종**	彳부의 8획	彳 彳 彳 彳 彳 從 從 從	從 從
軍	능시 8급	군사 **군**	車부의 2획	′ ′ ′ 宀 冃 冒 冒 軍 軍	軍 軍

백	전	백	승

百戰百勝

백 번 싸워 백 번 이긴다는 말로, 싸울 때마다 항상 이길 만큼 뛰어나다는 뜻.

故事成語

百	능시 7급	일백 **백**	白부의 1획	一 一 厂 百 百 百	百 百
戰	능시 6급	싸움 **전**	戈부의 12획	兯 罒 單 單 單 戰 戰 戰	戰 戰
百	능시 7급	일백 **백**	白부의 1획	一 一 厂 百 百 百	百 百
勝	능시 6급	이길 **승**	力부의 10획	刀 月 月 月 胖 胖 胖 勝 勝	勝 勝

백	절	불	굴	백 번 꺾여도 결코 굽히지 않음. 즉 계속되는 실패에도 굴하지 않고
百	折	不	屈	끝끝내 어려움을 극복하고 일어서 성공하는 모습을 가리키는 말. 故事成語

百	능시 7급 일백 **백**	白부의 1획	一一一一一一百百百		
折	능시 4급 꺾일 **절**	手부의 4획	一十才扩折折		
不	능시 7급 아닐 **불**	一부의 3획	一ブ不不		
屈	능시 4급 굽을 **굴**	尸부의 5획	一ニアア尸尸屈屈屈		

백	중	지	세	형제의 우열을 정하기 어렵다는 뜻으로, 누가 못하고 누가 낫다고
伯	仲	之	勢	할 수 없을 정도로 서로 비슷함. 〈유사어〉 난형난제(難兄難弟) 故事成語

伯	능시 3-2급 맏 **백**	人부의 5획	ノイイ伯伯伯伯		
仲	능시 3-2급 버금 **중**	人부의 4획	ノイ仆仲仲		
之	능시 3-2급 어조사 **지**	ノ부의 3획	、 フ 之		
勢	능시 4-2급 기세 **세**	力부의 11획	土 夫 查 坴 執 執 勢 勢		

百尺竿頭

백 척 높이의 장대의 끝에 선 모습. 즉 위험이나 곤란 등이 극에 달한 위험한 상태를 가리키는 말.

故事成語

百	능시 7급	일백 **백**	白부의 1획	一 ㄱ ㄱ 百 百 百	百 百				
尺	능시 3-2급	자 **척**	尸부의 1획	フ ㄱ 尸 尺	尺 尺				
竿	능시 1급	장대 **간**	竹부의 3획	ノ ト ぐ ぐ 竹 竿 竿 竿	竿 竿				
頭	능시 6급	머리 **두**	頁부의 7획	一 コ 豆 豆 亞 頭 頭 頭	頭 頭				

父傳子傳

아버지가 전하고 아들이 전한다는 말로, 대대로 전하여 이어진다는 뜻. 〈동의어〉 부자상전(父子相傳), 부전자승(父傳子承)

故事成語

父	능시 8급	아버지 **부**	父부의 0획	ノ ハ グ 父	父 父				
傳	능시 5급	전할 **전**	人부의 11획	ィ ィ 佢 佢 伸 傳 傳	傳 傳				
子	능시 7급	아들 **자**	子부의 0획	フ 了 子	子 子				
傳	능시 5급	전할 **전**	人부의 11획	ィ ィ 佢 佢 伸 傳 傳	傳 傳				

附和雷同

우레 소리에 맞춰 함께한다는 뜻으로, 자신의 주관 없이 남의 의견을 좇으며 그저 남이 하는 대로 무작정 따라하는 것을 의미하는 말.

故事成語

附	능시 3-2급 붙을 부	阜부의 5획	´ ³ ³ ³³ ³³ ³³³³ 附 附	附 附		
和	능시 6급 화할 화	口부의 5획	´ ´ 千 禾 禾 和 和	和 和		
雷	능시 3-2급 우레 뢰	雨부의 5획	´ ´ ´ ´ ´ ´ ´ ´ ´ ´ ´ ´ 雷	雷 雷		
同	능시 7급 함께 동	口부의 3획	ㅣ 冂 冂 同 同 同	同 同		

粉骨碎身

뼈가 가루가 되고 몸이 부서진다는 뜻으로, 몸이 으스러질 만큼 온 힘을 다해 노력하는 모습을 나타내는 말.

故事成語

粉	능시 4급 가루 분	米부의 4획	´ ´ ´ ´ ´ ´ ´ 粉 粉	粉 粉		
骨	능시 4급 뼈 골	骨부의 0획	´ ´ ´ ´ ´ 骨 骨 骨	骨 骨		
碎	능시 1급 부술 쇄	石부의 8획	´ ´ ´ ´ ´ ´ ´ ´ ´ ´ ´ 碎	碎 碎		
身	능시 6급 몸 신	身부의 0획	´ ´ ´ ´ ´ ´ 身 身	身 身		

불	문	가	지
不	問	可	知

묻지 않아도 가히 알 수 있다는 뜻으로, 묻지 않아도 옳고 그름을 능히 알 수 있다는 말.

故事成語

| 不 | 능시 7급 아닐 **불** | 一부의 3획 | 一 フ ズ 不 | 不 | 不 | | | | | |

| 問 | 능시 7급 물을 **문** | 口부의 8획 | l l' l' l' 門門問問 | 問 | 問 | | | | | |

| 可 | 능시 5급 가히 **가** | 口부의 2획 | 一 一 一 一 口 可 | 可 | 可 | | | | | |

| 知 | 능시 5급 알 **지** | 矢부의 3획 | ノ ト 느 チ 矢 知 知 知 | 知 | 知 | | | | | |

불	문	곡	직
不	問	曲	直

굽음과 곧음을 묻지 않는다는 뜻으로, 일의 잘잘못을 묻지 않고 함부로 행동하거나 일을 처리하는 것을 이르는 말.

故事成語

| 不 | 능시 7급 아닐 **불** | 一부의 3획 | 一 フ ズ 不 | 不 | 不 | | | | | |

| 問 | 능시 7급 물을 **문** | 口부의 8획 | l l' l' l' 門門問問 | 問 | 問 | | | | | |

| 曲 | 능시 5급 굽을 **곡** | 曰부의 2획 | l 冂 曰 曲 曲 | 曲 | 曲 | | | | | |

| 直 | 능시 7급 곧을 **직** | 目부의 3획 | 一 十 广 方 古 肖 直 直 | 直 | 直 | | | | | |

불	요	불	굴

不撓不屈

구부러지지도 굽히지도 않는다는 뜻으로, 어떤 어려움에도 결코 포기거나 절망하지 않고 결심한 대로 굽힘없이 견디어 나가는 모습을 이르는 말.

故事成語

不	능시 7급 아닐 **불**	一부의 3획 一 𠃌 ブ 不	不 不
撓	능시 1급 구부러질 **요**	手부의 12획 一 扌 扌 扩 扩 扩 挠 挠 撓 撓	撓 撓
不	능시 7급 아닐 **불**	一부의 3획 一 𠃌 ブ 不	不 不
屈	능시 4급 굽힐 **굴**	尸부의 5획 ¬ ⼇ 尸 尸 屈 屈 屈 屈	屈 屈

비	일	비	재

非一非再

하나도 아니요, 둘도 아니다라는 뜻으로, 같은 현상이 한두 번이 아니고 매우 많이 일어나는 것을 일컫는 말.

故事成語

非	능시 4-2급 아닐 **비**	非부의 0획 ノ ㇇ ㇊ ㇊ 非 非 非 非	非 非
一	능시 8급 하나 **일**	一부의 0획 一	一 一
非	능시 4-2급 아닐 **비**	非부의 0획 ノ ㇇ ㇊ ㇊ 非 非 非 非	非 非
再	능시 5급 두번 **재**	冂부의 4획 一 𠃌 ㄇ 丙 再 再	再 再

71

사	기	충	천	사기가 하늘을 찌를 듯이 높음을 뜻하는 말.
士 氣 衝 天				故事成語

士	능시 5급	선비 **사**	士부의 0획	一 十 士	士	士				

氣	능시 7급	기운 **기**	气부의 6획	′ ″ 气 气 気 氣 氣	氣	氣				

衝	능시 3-2급	찌를 **충**	行부의 9획	′ ″ 彳 彳 彳 徻 徻 衝 衝	衝	衝				

天	능시 7급	하늘 **천**	大부의 1획	一 二 チ 天	天	天				

사	면	초	가	사방에서 초나라의 노래가 들려옴. 사방을 모두 적병(敵兵)이 포위하고 있는 위험한 상황으로 누구의 도움도 받을 수 없는 고립된 상태를 이르는 말.
四 面 楚 歌				故事成語

四	능시 8급	넉 **사**	口부의 2획	ㅣ 冂 冂 四 四	四	四				

面	능시 7급	낯 **면**	面부의 0획	一 ″ 丙 而 而 面 面	面	面				

楚	능시 2급	초나라 **초**	木부의 9획	一 十 オ 木 林 梻 梻 梻 楚 楚	楚	楚				

歌	능시 7급	노래 **가**	欠부의 10획	一 冖 피 ョ 哥 哥 歌 歌	歌	歌				

| 沙 上 樓 閣 | 모래 위에 세운 누각. 즉 기초가 약하여 무너질 염려가 있거나 오래 유지할 수 없는 상황, 또는 실현 불가능한 일을 비유하는 말. 故事成語 |

沙	능시 3-2급	모래 **사**	水부의 4획	`丶丶氵汀汀沙沙`	沙 沙				
上	능시 7급	윗 **상**	一부의 2획	`丨卜上`	上 上				
樓	능시 3-2급	다락 **루**	木부의 11획	`朾柙柙相槥槵樓樓`	樓 樓				
閣	능시 3-2급	집 **각**	門부의 6획	`丨丨阝阝阝門門門門閂閣閣`	閣 閣				

| 師 弟 同 行 | 스승과 제자가 같이 길을 간다는 말로, 스승과 제자가 한 마음으로 함께 연구하며 진리를 향해 나아감을 이르는 말. 故事成語 |

師	능시 4-2급	스승 **사**	巾부의 7획	`丶丿丿丿阜𠂤師師`	師 師				
弟	능시 8급	제자 **제**	弓부의 4획	`丶丷丷鬯鬯弟弟`	弟 弟				
同	능시 7급	같을 **동**	口부의 3획	`丨冂冂冋同同`	同 同				
行	능시 6급	갈 **행**	行부의 0획	`丿彳彳彳行行`	行 行				

사 통 팔 달	사방으로 통하고 팔방으로 닿아있다는 뜻으로, 길이나 교통망·통신망 등이 막힘없이 통하는 것을 이르는 말.
四通八達	故事成語

四	능시 8급 넉 **사**	口부의 2획 ㅣ 冂 冃 四 四	四 四				
通	능시 6급 통할 **통**	辵부의 7획 マ マ 丙 甬 甬 甬 通 通	通 通				
八	능시 8급 여덟 **팔**	八부의 0획 ノ 八	八 八				
達	능시 4-2급 통달할 **달**	辵부의 9획 十 土 去 查 查 幸 達 達	達 達				

사 필 귀 정	일은 반드시 바른 데로 돌아간다는 말로, 모든 일은 결국에 가서는 반드시 바른 데로 돌아가기 마련이라는 뜻.
事必歸正	故事成語

事	능시 7급 일 **사**	亅부의 7획 一 一 一 一 事 事 事 事	事 事				
必	능시 5급 반드시 **필**	心부의 1획 丶 ソ 必 必 必	必 必				
歸	능시 4급 돌아갈 **귀**	止부의 14획 丨 ㅸ 皀 皀 歸 歸 歸 歸	歸 歸				
正	능시 7급 바를 **정**	止부의 1획 一 丁 下 正 正	正 正				

산	전	수	전
山 戰 水 戰			

산에서의 싸움과 물에서의 싸움을 다 겪었다는 뜻으로, 세상의 온갖 힘든 일을 다 겪고 경험을 많이 쌓았음을 이르는 말.

故事成語

山	능시 8급	산 **산**	山부의 0획	ㅣ 나 山	山 山
戰	능시 6급	싸울 **전**	戈부의 12획	罒 罒 뿜 뿜 單 戰 戰 戰	戰 戰
水	능시 8급	물 **수**	水부의 0획	ㅣ 기 水 水	水 水
戰	능시 6급	싸울 **전**	戈부의 12획	罒 罒 뿜 뿜 單 戰 戰 戰	戰 戰

산	해	진	미
山 海 珍 味			

산과 바다에서 나는 귀하고 값진 음식. 온갖 귀한 재료를 다 갖추어 잘 차린 진귀한 음식을 가리키는 말. 〈동의어〉 산진해미(山珍海味)

故事成語

山	능시 8급	산 **산**	山부의 0획	ㅣ 나 山	山 山
海	능시 7급	바다 **해**	水부의 7획	氵 氵 汒 海 海 海 海	海 海
珍	능시 4급	보배 **진**	玉부의 5획	一 三 千 王 珎 玖 珍 珍	珍 珍
味	능시 4-2급	맛 **미**	口부의 5획	ㅣ 冂 口 口 叮 㕥 味 味	味 味

75

살 신 성 인	자기 몸을 죽여 인을 이룬다는 뜻으로, 자기 몸을 희생하여 옳은 도리를 행하는 것을 이르는 말.
殺身成仁	故事成語

殺	능시 4-2급 죽일 **살**	殳부의 7획 ㄨ 主 羊 羊 希 希 殺 殺 殺	殺 殺					
身	능시 6급 몸 **신**	身부의 0획 ′ ′ ′ ′ 自 自 身 身	身 身					
成	능시 6급 이룰 **성**	戈부의 3획 ′ ′ ′ ′ 成 成 成	成 成					
仁	능시 4급 어질 **인**	人부의 2획 ′ ′ ′ 仁	仁 仁					

삼 고 초 려	유비가 제갈량의 초려를 세 번이나 찾아가 그를 군사(軍師)로 초빙한 데서 유래한 말로, 인재를 맞기 위해 참을성 있게 힘쓴다는 뜻.
三顧草廬	故事成語

三	능시 8급 석 **삼**	一부의 2획 一 二 三	三 三					
顧	능시 3급 돌아볼 **고**	頁부의 12획 ′ ′ ′ ′ ′ ′ 雇 雇 顧 顧	顧 顧					
草	능시 7급 풀 **초**	艸부의 6획 ′ ′ ′ ′ 苗 苗 苗 草 草	草 草					
廬	능시 2급 오두막집 **려**	广부의 16획 ′ ′ ′ 广 广 广 庐 庐 庐 庐 廬 廬 廬 廬 廬	廬 廬					

三三五五

두서넛 또는 너댓 사람이라는 뜻으로, 서너 사람이나 대여섯 사람이 떼를 지어 다니거나 무슨 일을 하는 모양을 나타내는 말.

故事成語

三	능시 8급	셋 **삼**	一부의 2획	一二三	三	三				
三	능시 8급	셋 **삼**	一부의 2획	一二三	三	三				
五	능시 8급	다섯 **오**	二부의 2획	一ㄒ五五	五	五				
五	능시 8급	다섯 **오**	二부의 2획	一ㄒ五五	五	五				

三寒四溫

겨울철 날씨가 사흘 동안은 춥고, 나흘 동안은 따뜻한 현상을 가리키는 말.

故事成語

三	능시 8급	셋 **삼**	一부의 2획	一二三	三	三				
寒	능시 5급	찰 **한**	宀부의 9획	宀宀宀宀宀寒寒寒寒	寒	寒				
四	능시 8급	넷 **사**	口부의 2획	丨冂冂四四	四	四				
溫	능시 6급	따뜻할 **온**	水부의 10획	氵氵氵氵氵溫溫溫	溫	溫				

상 부 상 조	서로서로 돕는다는 뜻. 〈동의어〉 상애상조(相愛相助)
相扶相助	故事成語

相	능시 5급 서로 상	目부의 4획	一 十 オ 木 机 机 相 相	相 相				

扶	능시 3-2급 도울 부	手부의 4획	一 十 扌 扩 扶 扶	扶 扶				

相	능시 5급 서로 상	目부의 4획	一 十 オ 木 机 机 相 相	相 相				

助	능시 4-2급 도울 조	力부의 5획	丨 冂 月 且 助 助	助 助				

상 전 벽 해	뽕나무밭이 변하여 푸른 바다가 되었다는 뜻으로, 세상이 엄청나게 변했음을 비유하는 말.
桑田碧海	故事成語

桑	능시 3-2급 뽕나무 상	木부의 6획	フ 又 ス 聚 孟 桒 桑 桑	桑 桑				

田	능시 4-2급 밭 전	田부의 0획	丨 冂 日 田 田	田 田				

碧	능시 3-2급 푸를 벽	石부의 9획	丅 王 玙 珀 碧 珼 碧 碧	碧 碧				

海	능시 7급 바다 해	水부의 7획	氵 氵 汒 汇 海 海 海 海	海 海				

塞翁之馬

새 옹 지 마

변방에 사는 노인의 말이라는 뜻으로, 일생의 길흉화복은 늘 바뀌어 변화가 많음을 이르는 말.

故事成語

塞	능시 3-2급	변방 새	土부의 10획	宀 宀 宀 宀 审 宝 寒 寒 塞	塞 塞				
翁	능시 3급	어르신네 옹	羽부의 4획	丿 八 公 公 公 翁 翁 翁	翁 翁				
之	능시 3-2급	어조사 지	丿부의 3획	丶 亠 之	之 之				
馬	능시 5급	말 마	馬부의 0획	丨 厂 厂 厓 馬 馬 馬 馬	馬 馬				

生老病死

생 로 병 사

나고, 늙고, 병들고, 죽는다는 말로, 불교에서 이르는 중생이 일평생 동안 반드시 받아야만 할 네 가지 고통 즉 사고(四苦)를 뜻함.

故事成語

生	능시 8급	날 생	生부의 0획	丿 一 匕 牛 生	生 生				
老	능시 7급	늙을 로	老부의 0획	一 十 土 耂 老 老	老 老				
病	능시 6급	병 병	疒부의 5획	亠 广 广 疒 疒 病 病 病	病 病				
死	능시 6급	죽을 사	歹부의 2획	一 厂 歹 歹 死 死	死 死				

선 견 지 명	앞을 내다보는 밝은 지혜라는 뜻으로, 앞으로 닥쳐올 일을 미리 아는 슬기로움을 일컫는 말.
先 見 之 明	故事成語

先	능시 8급 먼저 **선**	几부의 4획 ノ ﾉ ﾅ 生 失 先	先 先
見	능시 5급 볼 **견**	見부의 0획 丨 冂 冂 目 目 貝 見	見 見
之	능시 3-2급 어조사 **지**	ノ부의 3획 ﾞ ﾞ ﾗ 之	之 之
明	능시 6급 밝을 **명**	日부의 4획 丨 冂 冂 日 旫 明 明 明	明 明

선 공 후 사	공적인 것을 먼저 하고 사적인 것을 나중에 한다는 말로, 개인의 일이나 이익보다 공적인 일이나 공익을 앞세운다는 뜻.
先 公 後 私	故事成語

先	능시 8급 먼저 **선**	几부의 4획 ノ ﾉ ﾅ 生 失 先	先 先
公	능시 6급 공 **공**	八부의 2획 ノ 八 公 公	公 公
後	능시 7급 뒤 **후**	彳부의 6획 ノ 彳 彳 彳 徉 徉 後 後	後 後
私	능시 4급 사사로울 **사**	禾부의 2획 ノ 二 千 禾 禾 私 私	私 私

80

설 상 가 상	눈 위에 서리를 더한다는 말로, 엎친 데 덮친 격으로 불행한 일이 거듭된다는 뜻. 〈반의어〉 금상첨화(錦上添花)
雪上加霜	故事成語

雪	능시 6급	눈 **설**	雨부의 3획	一 ニ 千 千 千 千 雪 雪 雪	雪 雪

上	능시 7급	위 **상**	一부의 2획	丨 卜 上	上 上

加	능시 5급	더할 **가**	力부의 3획	一 刀 加 加 加	加 加

霜	능시 3-2급	서리 **상**	雨부의 9획	一 千 千 千 千 千 千 霜 霜	霜 霜

설 왕 설 래	말들이 왔다 갔다 함. 즉 의견이나 입장이 달라 서로 변론을 주고 받으며 옥신각신하는 모습을 나타내는 말.
說往說來	故事成語

說	능시 5급	말씀 **설**	言부의 7획	一 ニ 言 言 言 言 說 說 說	說 說

往	능시 4-2급	갈 **왕**	彳부의 5획	丿 彳 彳 彳 彳 往 往 往	往 往

說	능시 5급	말씀 **설**	言부의 7획	一 ニ 言 言 言 言 說 說 說	說 說

來	능시 7급	올 **래**	人부의 6획	一 厂 厂 ワ 少 來 來 來	來 來

속	수	무	책	손이 묶여 어떠한 계책도 세울 수 없다는 뜻으로, 뻔히 보면서도 어찌할 바를 모르고 아무런 방안을 낼 수 없는 답답한 상황을 나타내는 말.
束 手 無 策				故事成語

束	능시 5급 묶을 속	木부의 3획 一 一 一 一 一 束 束	束 束			

手	능시 7급 손 수	手부의 0획 一 一 二 手	手 手			

無	능시 5급 없을 무	火부의 8획 一 一 一 一 一 無 無 無	無 無			

策	능시 3-2급 책략 책	竹부의 6획 一 一 竹 竹 竹 竿 策 策	策 策			

송	구	영	신	옛 것은 보내고 새 것을 맞이한다는 말로, 묵은해를 보내고 새해를 맞이한다는 뜻.
送 舊 迎 新				故事成語

送	능시 4-2급 보낼 송	辵부의 6획 一 一 一 一 关 关 送 送	送 送			

舊	능시 5급 예 구	臼부의 12획 一 一 苫 苜 萑 萑 舊 舊	舊 舊			

迎	능시 4급 맞이할 영	辵부의 4획 一 仁 卬 卬 卬 迎 迎	迎 迎			

新	능시 6급 새 신	斤부의 9획 一 立 立 辛 亲 亲 新 新	新 新			

首邱初心

여우가 죽을 때에 머리를 저 살던 굴 쪽으로 향한다는 뜻으로, 고향을 그리워하는 마음을 일컫는 말.

故事成語

| 首 | 능시 5급 머리 수 | 首부의 0획 `` 丷 半 半 首 首 首 首 `` | 首 首 | | | | | |

| 丘 | 능시 3-2급 언덕 구 | 一부의 4획 `` ´ 厂 斤 斤 丘 `` | 丘 丘 | | | | | |

| 初 | 능시 5급 처음 초 | 刀부의 5획 `` ` ㇇ ㇈ ネ ネ 初 初 `` | 初 初 | | | | | |

| 心 | 능시 7급 마음 심 | 心부의 0획 `` ㇏ 心 心 心 `` | 心 心 | | | | | |

手不釋卷

손에서 책을 놓을 사이가 없어 쉬지 않고 글을 읽는다는 뜻으로, 늘 책을 가까이하여 학문을 열심히 하는 것을 말함. 〈유사어〉위편삼절(韋編三絶)

故事成語

| 手 | 능시 7급 손 수 | 手부의 0획 `` ㇒ 二 三 手 `` | 手 手 | | | | | |

| 不 | 능시 7급 아닐 불 | 一부의 3획 `` 一 ㇇ 不 不 `` | 不 不 | | | | | |

| 釋 | 능시 3-2급 해석할 석 | 釆부의 13획 `` 丷 平 采 釆 釈 釋 釋 釋 `` | 釋 釋 | | | | | |

| 卷 | 능시 4급 문서 권 | 卩부의 6획 `` ` 丷 丷 丷 半 半 关 券 卷 `` | 卷 卷 | | | | | |

| 수 | 서 | 양 | 단 |

首 鼠 兩 端

쥐가 머리를 양쪽으로 내밀며 눈치를 살핀다는 뜻. 즉 결단을 내리지 못하고 눈치를 살피는 모습이나 거취를 결정짓지 못하고 관망하는 상태를 가리키는 말.

故事成語

首	능시 5급 머리 **수**	首부의 0획	丷 丷 並 产 产 首 首 首 首 首	
鼠	능시 1급 쥐 **서**	鼠부의 0획	′ ′ ′′′ ′′′ 臼 臼 臼 卧 鼠 鼠 鼠 鼠 鼠	
兩	능시 4-2급 두 **량**	入부의 6획	一 一 广 币 雨 雨 雨 兩 兩 兩	
端	능시 4-2급 끝 **단**	立부의 9획	亠 亠 亠 立 立 址 站 站 端 端 端 端	

| 수 | 수 | 방 | 관 |

袖 手 傍 觀

팔장을 끼고 보고만 있다는 뜻. 즉 응당 해야 할 일에 아무런 손도 쓰지 않고 그저 보고만 있는 상태를 가리키는 말.

故事成語

袖	능시 1급 소매 **수**	衣부의 5획	丶 亠 亠 衤 衤 衤 袖 袖 袖 袖 袖	
手	능시 7급 손 **수**	手부의 0획	一 二 三 手 手 手	
傍	능시 3급 곁 **방**	人부의 10획	亻 广 伫 伫 侉 侉 傍 傍 傍 傍	
觀	능시 5급 볼 **관**	見부의 18획	丶 亠 苩 芦 荏 蒮 蒮 觀 觀 觀 觀	

수	어	지	교	물과 물고기의 관계와 같이 매우 친근한 사이라는 뜻으로, 특별한 친분을 말함.
水	魚	之	交	故事成語

水	능시 8급 물 **수**	水부의 0획　丿 亅 水 水	水 水				

魚	능시 5급 고기 **어**	魚부의 0획　丿 ク ケ 匁 甶 甶 魚 魚	魚 魚				

之	능시 3-2급 어조사 **지**	丿부의 3획　丶 ニ ラ 之	之 之				

交	능시 6급 사귈 **교**	亠부의 4획　丶 一 亠 六 方 交	交 交				

수	주	대	토	그루터기를 지켜 토끼를 기다린다는 뜻으로, 고지식하고 융통성이 없어 구습과 전례만 고집하거나 터무니없는 이익을 기다리는 우둔함을 비유하는 말.
守	株	待	兎	故事成語

守	능시 4-2급 지킬 **수**	宀부의 3획　丶 丷 宀 宁 守 守	守 守				

株	능시 3-2급 그루 **주**	木부의 6획　十 扌 木 术 株 株 林 林 株	株 株				

待	능시 6급 기다릴 **대**	彳부의 6획　ク 彳 彳 彳 待 待 待 待	待 待				

兎	상용 토끼 **토**	儿부의 6획　丿 勹 鬥 臼 臼 乕 兎 兎	兎 兎				

순 망 치 한	입술이 없으면 이가 시리다는 말로, 가까이 있는 둘 중의 하나가 망하면 다른 하나도 위태로워진다는 뜻.
脣亡齒寒	故事成語

	脣	능시 3급 입술 순	肉부의 7획 一 厂 尸 戶 辰 辰 脣 脣

	亡	능시 5급 없을 망	亠부의 1획 ` 亠 亡

	齒	능시 4-2급 이 치	齒부의 0획 ` ⺊ ⺊⺊ 齿 齿 齿 齒 齒

	寒	능시 5급 찰 한	宀부의 9획 宀 宀 宇 宙 宙 宲 寒 寒 寒

시 시 비 비	옳은 것은 옳다고 하고 그른 것은 그르다고 한다는 말로, 공정하게 판단한다는 뜻.
是是非非	故事成語

	是	능시 4-2급 옳을 시	日부의 5획 ⺊ ⺊ 日 旦 早 早 昰 是

	是	능시 4-2급 옳을 시	日부의 5획 ⺊ ⺊ 日 旦 早 早 昰 是

	非	능시 4-2급 그를 비	非부의 0획 丿 ⺮ ⺮ ⺮ 非 非 非 非

	非	능시 4-2급 그를 비	非부의 0획 丿 ⺮ ⺮ ⺮ 非 非 非 非

시 종 여 일	처음과 끝이 하나와 같다는 말로, 처음부터 끝까지 변함없이 한결 같다는 뜻. 〈동의어〉 시종일관(始終一貫), 초지불변(初志不變)
始 終 如 一	故事成語

始	능시 6급 처음 **시**	女부의 5획	く く 女 女 妒 妒 始 始
			始 始

終	능시 5급 끝 **종**	糸부의 5획	⺥ 幺 糸 糸' 紗 紗 終 終
			終 終

如	능시 4-2급 같을 **여**	女부의 3획	く く 女 如 如 如
			如 如

一	능시 8급 하나 **일**	一부의 0획	一
			一 一

식 자 우 환	글자를 아는 것이 근심거리가 된다는 말로, 차라리 모르는 편이 낫 다는 뜻.
識 字 憂 患	故事成語

識	능시 5급 알 **식**	言부의 12획	⻖ 言 言 言 誹 識 識 識
			識 識

字	능시 7급 글자 **자**	子부의 3획	⺋ ⼧ 宀 宁 宇 字
			字 字

憂	능시 3-2급 근심 **우**	心부의 11획	一 丙 百 百 悥 慐 夢 憂
			憂 憂

患	능시 5급 근심 **환**	心부의 7획	丨 口 吕 吕 串 串 患 患
			患 患

신	상	필	벌	공이 있는 사람에게는 반드시 상을 주고, 죄가 있는 사람에게는 반드시 벌을 준다는 뜻으로, 상과 벌을 공정하고 엄중하게 행하는 것을 이르는 말.

信賞必罰

故事成語

信	능시 6급	믿을 **신**	人부의 7획	イ イ 广 亇 信 信 信 信	信 信

賞	능시 5급	상줄 **상**	貝부의 8획	丷 丷 屵 屵 告 常 賞 賞	賞 賞

必	능시 5급	반드시 **필**	心부의 1획	丶 丿 必 必 必	必 必

罰	능시 4-2급	벌할 **벌**	网부의 9획	丅 冂 罒 罒 罨 罰 罰 罰	罰 罰

신	언	서	판	몸, 말씨, 글씨, 판단력이라는 뜻으로, 당나라 때 관리의 등용 기준이 됨.

身言書判

故事成語

身	능시 6급	몸 **신**	身부의 0획	丶 亅 冂 冃 月 身 身	身 身

言	능시 6급	말씀 **언**	言부의 0획	丶 一 一 亠 言 言 言	言 言

書	능시 6급	글씨 **서**	曰부의 6획	一 コ ヨ 聿 聿 書 書 書	書 書

判	능시 4급	판단 **판**	刀부의 5획	丶 丷 八 厶 半 判 判	判 判

신 출 귀 몰	귀신처럼 나타났다가 귀신처럼 사라지는 모습을 나타내는 말. 즉 귀신이 출몰하듯 자유자재하여 변화를 헤아리지 못한다는 뜻.
神出鬼沒	故事成語

神	능시 6급	귀신 신	示부의 5획	⌐ ㅜ 禾 示 初 初 初 神 神 神
出	능시 7급	날 출	ㄴ부의 3획	ㅣ � 中 出 出 出 出
鬼	능시 3-2급	귀신 귀	鬼부의 0획	' 勺 勺 白 由 鬼 鬼 鬼 鬼
沒	능시 3-2급	가라앉을 몰	水부의 4획	' ' ⃗ 氵 汇 汐 没 沒 沒

신 토 불 이	사람의 몸과 그가 사는 땅은 둘이 아니다라는 말로, 사람은 태어나서 자라난 곳의 토지에서 생산된 농산물을 먹는 것이 건강에 좋다는 뜻.
身土不二	故事成語

身	능시 6급	몸 신	身부의 0획	' 亻 竹 自 自 身 身 身 身
土	능시 8급	흙 토	土부의 0획	一 十 土 土 土
不	능시 7급	아닐 불	一부의 3획	一 丆 才 不 不 不
二	능시 8급	둘 이	二부의 0획	一 二 二 二

深思熟考

깊이 생각하고 오래도록 고찰한다는 뜻으로, 신중을 기하여 곰곰이 생각하는 모습을 나타내는 말.

故事成語

深	능시 4-2급 깊을 심	水부의 8획	氵氵氵氵深深深深	深 深
思	능시 5급 생각 사	心부의 5획	丨口曰用田思思思思	思 思
熟	능시 3-2급 익힐 숙	火부의 11획	亠亠享享享剪孰孰熟	熟 熟
考	능시 5급 생각할 고	老부의 2획	一十土耂考考	考 考

十匙一飯

열 사람이 한 숟가락씩만 보태도 한 사람이 먹을 밥은 된다는 말로, 여러 사람이 힘을 합하면 한 사람쯤은 구제하기 쉽다는 뜻.

故事成語

十	능시 8급 열 십	十부의 0획	一十	十 十
匙	능시 1급 숟가락 시	匕부의 9획	丨口曰日旦문묜뮲是是匙	匙 匙
一	능시 8급 하나 일	一부의 0획	一	一 一
飯	능시 3-2급 밥 반	食부의 4획	亼𠆢亽𠆢亽𠆢飠飣飯飯	飯 飯

십 중 팔 구	열 가운데 여덟이나 아홉이라는 말로, 거의 대부분이란 뜻. 〈동의어〉
十 中 八 九	십상팔구(十常八九) 故事成語

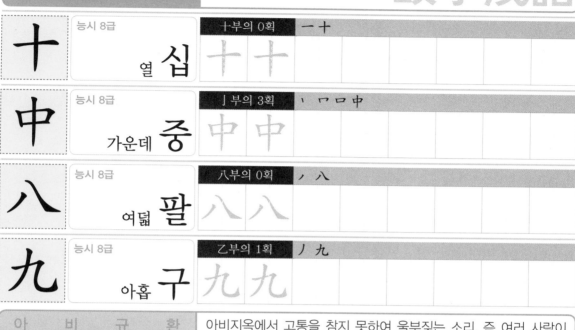

十	능시 8급 / 열 **십**	十부의 0획	一十	十 十
中	능시 8급 / 가운데 **중**	ㅣ부의 3획	ㅣ 口 口 中	中 中
八	능시 8급 / 여덟 **팔**	八부의 0획	ノ 八	八 八
九	능시 8급 / 아홉 **구**	乙부의 1획	ノ 九	九 九

아 비 규 환	아비지옥에서 고통을 참지 못하여 울부짖는 소리. 즉 여러 사람이
阿 鼻 叫 喚	몹시 비참한 지경에 빠졌을 때 그 고통에서 헤어나려고 악을 쓰고 비명을 지르며 몸부림 치는 모습을 뜻하는 말. 故事成語

阿	능시 3-2급 / 아첨할 **아**	阜부의 5획	' �3 阝 阝 阿 阿 阿 阿	阿 阿
鼻	능시 5급 / 코 **비**	鼻부의 0획	宀 自 自 鼻 鼻 鼻 鼻 鼻	鼻 鼻
叫	능시 3급 / 부르짖을 **규**	口부의 2획	ㅣ 口 口 ㄗ 叫	叫 叫
喚	능시 1급 / 부를 **환**	口부의 9획	ㅣ 口 口 ㄗ 吖 吖 咋 咋 唤 喚 喚	喚 喚

91

자기 논에 물을 댄다는 말로, 자기에게 이로운 대로만 말하거나 행동한다는 뜻.

我田引水

故事成語

	능시 3-2급	戈부의 3획	`` 一 二 千 千 我 我 我 ``				
我	나 **아**		我 我				

	능시 4-2급	田부의 0획	`` 丨 冂 冃 田 田 ``				
田	밭 **전**		田 田				

	능시 4-2급	弓부의 1획	`` ᄀ ᄀ 弓 引 ``				
引	당길 **인**		引 引				

	능시 8급	水부의 0획	`` 丿 기 水 水 ``				
水	물 **수**		水 水				

눈 아래 사람이 없다는 뜻. 즉 사람됨이 교만하여 남을 업신여기거나, 태도가 몹시 거만하여 남을 사람같이 대하지 않는 행동을 가리키는 말.

眼下無人

故事成語

	능시 4-2급	目부의 6획	`` 丨 冂 目 目 目 目 眼 眼 眼 ``				
眼	눈 **안**		眼 眼				

	능시 7급	一부의 2획	`` 一 丁 下 ``				
下	아래 **하**		下 下				

	능시 5급	火부의 8획	`` 丿 仁 二 仁 無 無 無 無 ``				
無	없을 **무**		無 無				

	능시 8급	人부의 0획	`` 丿 人 ``				
人	사람 **인**		人 人				

암	중	모	색	어둠 속에서 손을 더듬어 찾는다라는 뜻으로, 어림짐작으로 사물을 알아내려 함을 이르는 말.
暗	中	摸	索	故事成語

暗	능시 4-2급 어두울 **암**	日부의 9획	ㅣ 日 旷 旷 昨 暗 暗 暗	暗	暗

中	능시 8급 가운데 **중**	ㅣ부의 3획	ㅣ ㅁ ㅁ 中	中	中

摸	능시 1급 찾을 **모**	手부의 11획	一 ㅓ ㅕ ㅕ ㅕ ㅕ ㅕ 捛 捛 捛 捛 摸 摸	摸	摸

索	능시 3-2급 찾을 **색**	糸부의 4획	一 十 产 玄 玄 索 索 索	索	索

애	지	중	지	사랑하고 소중히 여긴다는 말로, 사람이나 사물을 대단히 사랑하고 소중히 여긴다는 뜻.
愛	之	重	之	故事成語

愛	능시 6급 사랑 **애**	心부의 9획	ㅡ ㅛ 皿 恶 悉 恶 爱 爱 愛	愛	愛

之	능시 3-2급 어조사 **지**	ㅣ부의 3획	ㆍ ㄴ ㄱ 之	之	之

重	능시 7급 소중할 **중**	里부의 2획	ㆍ ㅜ ㅜ 台 台 重 重 重 重	重	重

之	능시 3-2급 어조사 **지**	ㅣ부의 3획	ㆍ ㄴ ㄱ 之	之	之

양	두	구	육	양의 머리에 개의 고기라는 뜻으로, 겉으로 훌륭하게 보이고 속은 변변하지 않은 것을 비유하는 말.
羊	頭	狗	肉	故事成語

羊	능시 4-2급	양 **양**	羊부의 0획	丶 丷 兰 亖 羊 羊	羊 羊				

頭	능시 6급	머리 **두**	頁부의 7획	一 口 豆 豆 豆 頭 頭 頭	頭 頭				

狗	능시 3급	개 **구**	犬부의 5획	丿 犭 犭 犭 狗 狗 狗 狗	狗 狗				

肉	능시 4-2급	고기 **육**	肉부의 0획	丨 冂 内 内 肉 肉	肉 肉				

어	부	지	리	어부의 이익이라는 말로, 둘이 다투는 사이에 제 삼자가 이익을 본다는 뜻.
漁	父	之	利	故事成語

漁	능시 5급	고기잡을 **어**	水부의 11획	氵 汴 治 渔 渔 渔 漁 漁	漁 漁				

父	능시 8급	아버지 **부**	父부의 0획	丿 丷 グ 父	父 父				

之	능시 3-2급	어조사 **지**	丿부의 3획	丶 亠 之	之 之				

利	능시 6급	이로울 **리**	刀부의 5획	丿 二 千 禾 禾 利 利	利 利				

語 不 成 說

말이 말을 이루지 못한다는 말로, 이치에 맞지 않아 도무지 말이 되지 않는다는 뜻.

故事成語

語	능시 7급 말씀 **어**	言부의 7획	ㆍ ㆍ 言 言 訂 語 語 語 語	語 語					

不	능시 7급 아닐 **불**	一부의 3획	一 ㄱ 才 不	不 不					

成	능시 6급 이룰 **성**	戈부의 3획	) 厂 厂 斤 成 成 成	成 成					

說	능시 5급 말씀 **설**	言부의 7획	ㆍ ㆍ 言 言 訂 診 診 說	說 說					

言 語 道 斷

말문이 막힌다는 뜻으로, 너무나 엄청나거나 기가 막혀서 말로써 나타낼 수 없음을 가리키는 말. 즉 말문이 막힐 만큼 어이가 없는 상태를 나타냄.

故事成語

言	능시 6급 말씀 **언**	言부의 0획	ㆍ ㆍ 言 言 言 言 言	言 言					

語	능시 7급 말씀 **어**	言부의 7획	ㆍ ㆍ 言 訂 訪 語 語 語	語 語					

道	능시 7급 길 **도**	辶부의 9획	ㆍ ㆍ ㆍ 首 首 首 道 道	道 道					

斷	능시 4-2급 끊을 **단**	斤부의 14획	ㅌ 丝 丝 韭 絲 斷 斷 斷	斷 斷					

언 중 유 골
言 中 有 骨

말 속에 뼈가 있다는 뜻으로, 예사로운 표현이나 부드러운 말 속에 단단한 뼈처럼 만만치 않은 속뜻이나 핵심적인 내용이 담겨 있음을 나타내는 말.

故事成語

한자	급수	훈음	부수	필순
言	능시 6급	말씀 언	言부의 0획	丶 亠 亍 亖 言 言 言
中	능시 8급	가운데 중	丨부의 3획	丨 口 口 中
有	능시 7급	있을 유	月부의 2획	丿 ナ 才 冇 有 有
骨	능시 4급	뼈 골	骨부의 0획	冂 冎 冎 咼 骨 骨 骨 骨

언 행 일 치
言 行 一 致

말과 행동이 일치되어야 한다는 말로, 입밖으로 내어 한 말과 행동은 똑같아야 한다는 뜻. 〈동의어〉 지행합일(知行合一)

故事成語

한자	급수	훈음	부수	필순
言	능시 6급	말씀 언	言부의 0획	丶 亠 亍 亖 言 言 言
行	능시 6급	행실 행	行부의 0획	ノ 彡 彳 行 行 行
一	능시 8급	하나 일	一부의 0획	一
致	능시 5급	이를 치	至부의 4획	工 工 즈 至 至 致 致 致

易 地 思 之

처지를 바꾸어서 생각한다는 말로, 처하여 있는 사정이나 형편, 입장 등을 바꾸어서 생각한다는 뜻.

故事成語

易	능시 4급	바꿀 역	日부의 4획	丶 冂 冃 日 見 昻 昻 易	易	易			
地	능시 7급	처지 지	土부의 3획	一 十 土 圠 圸 地	地	地			
思	능시 5급	생각할 사	心부의 5획	丶 冂 日 田 田 思 思 思	思	思			
之	능시 3-2급	어조사 지	丿부의 3획	丶 一 う 之	之	之			

緣 木 求 魚

나무에 올라 물고기를 구한다는 말로, 불가능한 일을 억지로 하려고 한다는 뜻.

故事成語

緣	능시 4급	인연 연	糸부의 9획	幺 糸 糽 紣 終 綖 緣 緣	緣	緣			
木	능시 8급	나무 목	木부의 0획	一 十 才 木	木	木			
求	능시 4-2급	구할 구	水부의 2획	一 十 寸 才 求 求 求	求	求			
魚	능시 5급	물고기 어	魚부의 0획	丶 勹 勹 夕 甶 甶 甶 魚	魚	魚			

오	리	무	중

五里霧中

짙은 안개가 5리나 끼어 있는 속에 있다는 뜻으로, 무슨 일에 대하여 방향이나 상황을 알 길이 없음을 이르는 말.

故事成語

五	능시 8급 다섯 **오**	二부의 2획	一 ㄒ 五 五
		五 五	

里	능시 7급 마을 **리**	里부의 0획	丨 口 曰 曰 甲 里
		里 里	

霧	능시 3급 안개 **무**	雨부의 11획	𠂤 雨 雫 雫 霧 霧 霧 霧
		霧 霧	

中	능시 8급 가운데 **중**	丨부의 3획	丨 口 口 中
		中 中	

오	비	삼	척

吾鼻三尺

내 코가 석 자. 내가 처한 상황이 매우 위급해서 남의 처지를 이해하기 힘들거나 남의 사정을 돌볼 여유가 없다는 뜻. 오비체수삼척(吾鼻涕垂三尺)의 준말.

故事成語

吾	능시 3급 나 **오**	口부의 4획	一 ㄒ 五 五 吾 吾 吾
		吾 吾	

鼻	능시 5급 코 **비**	鼻부의 0획	𠂤 白 白 自 鼻 畠 畠 鼻 鼻
		鼻 鼻	

三	능시 8급 석 **삼**	一부의 2획	一 二 三
		三 三	

尺	능시 3-2급 자 **척**	尸부의 1획	𠃌 コ 尸 尺
		尺 尺	

烏飛梨落

까마귀가 날자 배가 떨어진다는 말로, 어떤 우연의 일치로 억울하게 혐의를 받거나 난처하게 되었다는 뜻.

故事成語

烏	능시 3-2급	까마귀 오	火부의 6획	` ´ ⺄ ⼾ ⼾ ⼾ 烏 烏 烏	烏 烏					

飛	능시 4-2급	날 비	飛부의 0획	⺄ ⺄ ⺄ ⻜ ⻜ ⻜ 飛 飛	飛 飛					

梨	능시 3급	배나무 리	木부의 7획	⼀ 千 禾 利 利 利 梨 梨	梨 梨					

落	능시 5급	떨어질 락	艸부의 9획	一 艹 艹 艹 莎 莎 落 落	落 落					

烏飛一色

날고 있는 까마귀가 모두 같은 빛깔이라는 뜻으로, 모두 같은 종류 또는 피차 서로 똑같음을 가리키는 말.

故事成語

烏	능시 3-2급	까마귀 오	火부의 6획	` ´ ⺄ ⼾ ⼾ ⼾ 烏 烏 烏	烏 烏					

飛	능시 4-2급	날 비	飛부의 0획	⺄ ⺄ ⺄ ⻜ ⻜ ⻜ 飛 飛	飛 飛					

一	능시 8급	한 일	一부의 0획	一	一 一					

色	능시 7급	빛 색	色부의 0획	⼃ ⼃ ⼋ ⼋ 乸 色	色 色					

吳越同舟

오나라 사람과 월나라 사람이 한 배에 타고 있다라는 뜻으로, 서로 적의를 품은 사람들이 같은 처지나 한 자리에 있게 됨을 비유하는 말.

故事成語

	능시 2급	口부의 4획	ˋ ㄇ ㅁ 吕 吊 吳 吳	
吳	나라이름 오		吳 吳	

	능시 3-2급	走부의 5획	土 キ 非 走 走 越 越 越	
越	넘을 월		越 越	

	능시 7급	口부의 3획	Ⅰ 冂 冃 同 同 同	
同	한가지 동		同 同	

	능시 3급	舟부의 0획	′ ㇏ 力 力 月 舟	
舟	배 주		舟 舟	

屋上架屋

지붕 위에 또 지붕을 만든다는 뜻. 즉 물건이나 일을 부질없이 거듭하는 것을 이르는 말로, 사물의 부질없는 중복을 비유한 말.

故事成語

	능시 5급	尸부의 6획	ˋ ㄱ 尸 尸 屋 屋 屋 屋	
屋	집 옥		屋 屋	

	능시 7급	一부의 2획	Ⅰ 卜 上	
上	윗 상		上 上	

	능시 3-2급	木부의 5획	ㄱ 力 加 加 加 加 架 架 架	
架	시렁 가		架 架	

	능시 5급	尸부의 6획	ˋ ㄱ 尸 尸 屋 屋 屋 屋	
屋	집 옥		屋 屋	

溫故知新

옛 것을 익히고 그것을 미루어서 새 것을 안다는 뜻. 즉 옛 학문이나 지나간 과거로부터 미래를 준비하는 깨달음을 얻는다는 말. 〈유사어〉 온고지정(溫故之情)

故事成語

溫	능시 6급 배울 **온**	水부의 10획	氵氵沪沪沪沪温温温溫 溫溫

故	능시 4-2급 옛 **고**	攴부의 5획	十十古古古古故故 故故

知	능시 5급 알 **지**	矢부의 3획	ノ 广 ニ 午 矢 知 知 知 知知

新	능시 6급 새 **신**	斤부의 9획	亠 立 立 辛 亲 新 新 新 新新

臥薪嘗膽

나무 위에서 잠을 자고 쓸개를 핥는다는 뜻으로, 원수를 갚기 위해 고난을 참고 견딘다는 뜻.

故事成語

臥	능시 3급 누울 **와**	臣부의 2획	一 丁 丆 互 手 臣 臥 臥 臥臥

薪	능시 1급 섶나무 **신**	艸부의 13획	一 + 艹 艹 苙 苙 茾 莩 莘 薪 薪 薪薪

嘗	능시 3급 맛볼 **상**	口부의 11획	业 严 尚 尚 営 営 嘗 嘗 嘗嘗

膽	능시 2급 쓸개 **담**	肉부의 13획	丿 刀 月 刖 胪 胪 胪 胪 膽 膽 膽 膽膽

曰 可 曰 否

옳다고 말하고, 그르다고 말한다는 말로, 무엇에 대해 옳다느니 그르다느니 이러쿵저러쿵 말한다는 뜻.

故事成語

曰	능시 3급 말할 **왈**	日부의 0획 　丨 冂 曰 曰	曰 曰				

可	능시 5급 옳을 **가**	口부의 2획 　一 冂 冚 冚 可	可 可				

曰	능시 3급 말할 **왈**	日부의 0획 　丨 冂 曰 曰	曰 曰				

否	능시 4급 아닐 **부**	口부의 4획 　一 フ 才 不 不 否 否	否 否				

外 柔 內 剛

겉은 부드럽고 안은 굳세다는 말로, 겉으로는 순하고 부드럽게 보이나, 마음 속은 단단하고 굳세다는 뜻. 〈반의어〉 외강내유(外剛內柔)

故事成語

外	능시 8급 바깥 **외**	夕부의 2획 　丿 勹 夕 外 外	外 外				

柔	능시 3-2급 부드러울 **유**	木부의 5획 　一 フ 了 予 矛 柔 柔 柔	柔 柔				

內	능시 7급 안 **내**	入부의 2획 　丨 冂 内 內	內 內				

剛	능시 3-2급 굳셀 **강**	刀부의 8획 　冂 冂 冂 冈 冈 岡 剛 剛	剛 剛				

요	산	요	수	어진 사람은 산을 좋아하고, 지혜로운 사람은 물을 좋아한다는 뜻.

樂 山 樂 水

故事成語

樂	능시 6급 좋아할 **요**	木부의 11획	自 自 細 樂 樂 樂 樂 樂	樂 樂
山	능시 8급 산 **산**	山부의 0획	ㅣ 屮 山	山 山
樂	능시 6급 좋아할 **요**	木부의 11획	自 自 細 樂 樂 樂 樂 樂	樂 樂
水	능시 8급 물 **수**	水부의 0획	ㅣ ㅋ 水 水	水 水

용	두	사	미	용의 머리와 뱀의 꼬리라는 뜻. 즉 처음은 거창하고 야단스럽게 시작하지만 결말은 흐지부지하게 되어 버리는 것을 비유하는 말.

龍 頭 蛇 尾

故事成語

龍	능시 4급 용 **룡**	龍부의 0획	一 立 肯 肯 背 龍 龍	龍 龍
頭	능시 6급 머리 **두**	頁부의 7획	一 豆 豆 豆 豇 頭 頭 頭	頭 頭
蛇	능시 3-2급 뱀 **사**	虫부의 5획	丶 口 虫 虫 虫 蚣 蛇 蛇	蛇 蛇
尾	능시 3-2급 꼬리 **미**	尸부의 4획	一 コ 尸 尸 尾 尾 尾	尾 尾

우 왕 좌 왕	오른쪽으로 갔다 왼쪽으로 갔다 한다라는 말로, 어쩔 줄 모르고 갈팡질팡하거나 어떤 일을 결정짓지 못하고 망설인다는 뜻.
右 往 左 往	故事成語

| 右 | 능시 7급 | 口부의 2획 | ノナオ右右 |
| | 오른쪽 **우** | 右 右 | |

| 往 | 능시 4-2급 | 彳부의 5획 | ノ彳彳彳彳彳往往 |
| | 갈 **왕** | 往 往 | |

| 左 | 능시 7급 | 工부의 2획 | 一ナ左左左 |
| | 왼쪽 **좌** | 左 左 | |

| 往 | 능시 4-2급 | 彳부의 5획 | ノ彳彳彳彳彳往往 |
| | 갈 **왕** | 往 往 | |

우 유 부 단	너무 부드러워 맺고 끊지 못한다는 뜻. 즉 어물어물거리거나 망설이기만 하고 결단을 내리지 못하는 모습을 이르는 말.
優 柔 不 斷	故事成語

| 優 | 능시 4급 | 人부의 15획 | 亻仁伻傴僡傷傷優 |
| | 넉넉할 **우** | 優 優 | |

| 柔 | 능시 3-2급 | 木부의 5획 | 一マ予予柔柔柔柔 |
| | 부드러울 **유** | 柔 柔 | |

| 不 | 능시 7급 | 一부의 3획 | 一ナオ不 |
| | 아닐 **부** | 不 不 | |

| 斷 | 능시 4-2급 | 斤부의 14획 | 幺幺幺幺幺幺斷斷 |
| | 끊을 **단** | 斷 斷 | |

104

牛耳讀經

우 이 독 경

牛耳讀經

쇠귀에 경 읽기라는 말로, 아무리 가르치고 일러주어도 알아 듣지 못한다는 뜻.

故事成語

牛	능시 5급 소 **우**	牛부의 0획	ノ ㇏ 二 牛 牛 牛
耳	능시 5급 귀 **이**	耳부의 0획	一 丅 下 F 王 耳 耳 耳
讀	능시 6급 읽을 **독**	言부의 15획	言 言 詰 詰 讀 讀 讀 讀 讀 讀
經	능시 4-2급 경서 **경**	糸부의 7획	幺 幺 糸 糸 紀 經 經 經 經 經

雨後竹筍

우 후 죽 순

雨後竹筍

비가 온 뒤에 솟아나는 죽순이라는 뜻으로, 어떤 일이 일시에 많이 일어나는 것을 비유하는 말.

故事成語

雨	능시 5급 비 **우**	雨부의 0획	一 厂 厅 币 币 雨 雨 雨 雨
後	능시 7급 뒤 **후**	彳부의 6획	㇒ 彳 彳 衫 衫 衫 後 後 後 後
竹	능시 4-2급 대나무 **죽**	竹부의 0획	ノ ㇒ ㇏ 竹 竹 竹 竹 竹
筍	능시 1급 죽순 **순**	竹부의 6획	ノ ㇒ ㇏ 竹 竹 竹 筍 筍 筍 筍 筍 筍

위	편	삼	절	책을 매었던 가죽 끈이 세 번이나 끊어졌다는 말로, 독서를 열심히
				함. 또는 한 책을 되풀이하여 숙독함을 비유하는 말.

韋編三絶

故事成語

韋	능시 2급 가죽 **위**	韋부의 0획	一 ナ 뀬 뀬 뀸 뀸 뀸 뀷 韋				
			韋 韋				

編	능시 3-2급 엮을 **편**	糸부의 9획	幺 糸 糸' 糸' 絴 絥 絹 編				
			編 編				

三	능시 8급 석 **삼**	一부의 2획	一 二 三				
			三 三				

絶	능시 4-2급 끊을 **절**	糸부의 6획	' 幺 糸 糸' 糸' 紵 絡 絶				
			絶 絶				

유	구	무	언	입은 있으나 말이 없다는 말로, 변명할 말이 없거나 변명을 하지 못
				한다는 뜻.

有口無言

故事成語

有	능시 7급 있을 **유**	月부의 2획	ノ ナ 才 有 有 有				
			有 有				

口	능시 7급 입 **구**	口부의 0획	丨 冂 口				
			口 口				

無	능시 5급 없을 **무**	火부의 8획	ノ 스 乍 俉 鈕 無 無 無				
			無 無				

言	능시 6급 말씀 **언**	言부의 0획	` 一 二 言 言 言 言				
			言 言				

有名無實

이름만 있고 실속은 없다는 말로, 이름만 훌륭하고 그 실상은 형편 없다는 뜻. 〈반의어〉 명실상부(名實相符)

故事成語

	능시 7급	月부의 2획	ノ ナ オ 有 有 有					
有 있을 **유**			有 有					

	능시 7급	口부의 3획	ノ ク タ タ 名 名					
名 이름 **명**			名 名					

	능시 5급	火부의 8획	ノ ㇏ 二 仁 無 無 無 無					
無 없을 **무**			無 無					

	능시 5급	宀부의 11획	宀 宀 宀 宯 審 宲 寳 實					
實 실속 **실**			實 實					

有備無患

준비가 있으면 근심이 없다는 말로, 앞 일에 대해 미리 준비를 하면 근심을 면할 수 있다는 뜻.

故事成語

	능시 7급	月부의 2획	ノ ナ オ 有 有 有					
有 있을 **유**			有 有					

	능시 4-2급	人부의 10획	イ イ 伫 伴 伫 備 備 備					
備 갖출 **비**			備 備					

	능시 5급	火부의 8획	ノ ㇏ 二 仁 無 無 無 無					
無 없을 **무**			無 無					

	능시 5급	心부의 7획	口 口 吊 吕 串 串 患 患					
患 근심 **환**			患 患					

流言蜚語	아무 근거 없이 널리 퍼진 소문, 터무니없이 떠도는 말을 뜻함. 뜬소문(-所聞) 故事成語

流	능시 5급 흐를 **유**	水부의 7획	氵 氵 沪 浐 浐 汸 流 流	流 流				
言	능시 6급 말씀 **언**	言부의 0획	丶 二 亖 亖 言 言 言	言 言				
蜚	능시 1급 바퀴살 **비**	虫부의 8획	丿 刁 习 ヨ 非 非 非 非 非 非 蜚 蜚 蜚	蜚 蜚				
語	능시 7급 말씀 **어**	言부의 7획	亠 言 言 訂 語 語 語 語	語 語				

類類相從	같은 무리끼리 서로 따르고 좇는다는 뜻. 같은 사물이 모이거나, 같은 성격이나 성품을 가진 사람끼리 서로 내왕하며 사귀는 것을 이르는 말. 故事成語

類	능시 5급 무리 **류**	頁부의 10획	丷 半 米 类 类 类 類 類	類 類				
類	능시 5급 무리 **류**	頁부의 10획	丷 半 米 类 类 类 類 類	類 類				
相	능시 5급 서로 **상**	目부의 4획	一 十 才 木 相 相 相 相	相 相				
從	능시 4급 좇을 **종**	彳부의 8획	彳 彳 彳 彳 従 従 従 從	從 從				

唯 一 無 二

오직 하나뿐이고 둘은 없다는 말로, 이 세상에 오직 하나뿐인 것을 가리키는 말.

故事成語

唯	능시 3급 오직 유	口부의 8획 ㅁ ㅁ ㅁ ㅁ ㅁ ㅁ 唯 唯	唯 唯				

一	능시 8급 하나 일	一부의 0획 一	一 一				

無	능시 5급 없을 무	火부의 8획 ㅣ ㅗ ㅗ ㅌ 無 無 無 無	無 無				

二	능시 8급 둘 이	二부의 0획 一 二	二 二				

有 終 之 美

끝맺음이 있는 아름다움이라는 말로, 끝까지 잘하여 일의 결과가 훌륭하게 된다는 뜻.

故事成語

有	능시 7급 있을 유	月부의 2획 ノ ナ 才 有 有 有	有 有				

終	능시 5급 마칠 종	糸부의 5획 ㄴ ㄠ 糸 糸 約 終 終 終	終 終				

之	능시 3-2급 어조사 지	ノ부의 3획 ㇏ ㇀ ㇖ 之	之 之				

美	능시 6급 아름다울 미	羊부의 3획 ㅛ ㅛ ㅛ ㅛ 羊 美 美 美	美 美				

은 인 자 중	자신을 밖으로 드러내지 아니하고 참고 감추어 몸가짐을 신중히 하고 행동하는 것을 이르는 말.
隱忍自重	故事成語

隱	능시 4급 숨을 은	阜부의 14획	³ ⁶ ⁶ ⁶ ⁶ 隱 隱 隱		
			隱 隱		

忍	능시 3-2급 참을 인	心부의 3획	フ カ カ カ 忍 忍 忍		
			忍 忍		

自	능시 7급 스스로 자	自부의 0획	´ ⺊ 冂 自 自 自		
			自 自		

重	능시 7급 무거울 중	里부의 2획	´ ⼀ ⼆ ⼾ 白 重 重 重		
			重 重		

이 구 동 성	입은 다르나 소리는 같다는 말로, 여러 사람의 말이 한결같거나, 또는 여러 사람이 똑같이 말한다는 뜻.
異口同聲	故事成語

異	능시 4급 다를 이	田부의 6획	⼀ 冂 田 田 罒 甲 異 異 異		
			異 異		

口	능시 7급 입 구	口부의 0획	⼁ 冂 口		
			口 口		

同	능시 7급 같을 동	口부의 3획	⼁ 冂 冂 冋 同 同		
			同 同		

聲	능시 4-2급 소리 성	耳부의 11획	士 吉 声 声 殸 殸 聲 聲		
			聲 聲		

이	목	구	비
耳	目	口	鼻

귀, 눈, 입, 코를 아울러 이르는 말. 귀, 눈, 입, 코 등을 중심으로 본 얼굴의 생김새를 말함.

故事成語

耳	능시 5급 귀 이	耳부의 0획	一 T T F 耳耳	耳 耳				

目	능시 6급 눈 목	目부의 0획	丨 冂 冂 月 目	目 目				

口	능시 7급 입 구	口부의 0획	丨 冂 口	口 口				

鼻	능시 5급 코 비	鼻부의 0획	宀 白 白 鼻 鼻 畠 鼻 鼻	鼻 鼻				

이	심	전	심
以	心	傳	心

마음으로써 마음을 전한다는 말로, 말이나 글에 의지하지 않고 마음과 마음이 서로 통한다는 뜻.

故事成語

以	능시 5급 써 이	人부의 3획	丶 レ レ 以 以	以 以				

心	능시 7급 마음 심	心부의 0획	丶 心 心 心	心 心				

傳	능시 5급 전할 전	人부의 11획	亻 亻 伛 伛 俌 俥 傳 傳	傳 傳				

心	능시 7급 마음 심	心부의 0획	丶 心 心 心	心 心				

이 열 치 열	열로써 열을 다스린다는 말로, 힘에는 힘으로, 강한 것에는 강한 것으로 상대한다는 뜻.
以 熱 治 熱	故事成語

以	능시 5급 써 이	人부의 3획	ノ 丷 以 以	以 以				
熱	능시 5급 뜨거울 열	火부의 11획	十 土 圥 坴 刲 埶 孰 熱	熱 熱				
治	능시 4-2급 다스릴 치	水부의 5획	丶 丶 氵 氵 汁 浩 治 治	治 治				
熱	능시 5급 뜨거울 열	火부의 11획	十 土 圥 坴 刲 埶 孰 熱	熱 熱				

이 율 배 반	두 가지 법률이 서로 대립된다는 뜻. 즉 정립(定立)과 반립(反立)이 동등한 권리를 가지고 주장되는 것을 말함. 한쪽이 맞고 다른 한쪽이 틀리는 것이 아니라 모두 타당성을 갖고 있으면서 서로 모순되는 경우를 이르는 말.
二 律 背 反	故事成語

二	능시 8급 두 이	二부의 0획	一 二	二 二				
律	능시 4-2급 법률 률	彳부의 6획	ノ 彳 彳 彳 彳 律 律 律	律 律				
背	능시 4-2급 등 배	肉부의 5획	丨 丬 丬 北 背 背 背	背 背				
反	능시 6급 돌이킬 반	又부의 2획	一 厂 反 反	反 反				

因果應報

원인과 결과는 서로 물고 물린다는 뜻으로, 좋은 일에는 좋은 결과가 따르고 나쁜 일에는 나쁜 결과가 따름. 즉 원인과 결과에는 반드시 그에 합당한 이유가 있음을 이르는 말.

故事成語

因	능시 5급 인할 인	囗부의 3획　丨 冂 冃 因 因 因	因 因						
果	능시 6급 결과 과	木부의 4획　丨 冂 曰 旦 旦 甲 果 果	果 果						
應	능시 4-2급 응할 응	心부의 13획　亠 广 庁 庐 庐 雁 應 應	應 應						
報	능시 4-2급 갚을 보	土부의 9획　土 耂 寺 幸 幸' 郣 報 報	報 報						

人命在天

사람의 목숨은 하늘에 있다는 말로, 사람이 오래 살고 일찍 죽는 것은 다 하늘에 달려 있다는 뜻.

故事成語

人	능시 8급 사람 인	人부의 0획　丿 人	人 人						
命	능시 7급 목숨 명	口부의 5획　丿 人 亼 合 合 命 命	命 命						
在	능시 6급 있을 재	土부의 3획　一 ナ オ 在 在 在	在 在						
天	능시 7급 하늘 천	大부의 1획　一 二 チ 天	天 天						

인 지 상 정	사람의 항상된 정이라는 말로, 사람이라면 공통적으로 가지고 있는 보통의 마음이나 생각이란 뜻.
人 之 常 情	故事成語

| 人 | 능시 8급 사람 인 | 人부의 0획 | ノ 人 | 人 人 | | | | |

| 之 | 능시 3-2급 어조사 지 | ノ부의 3획 | 丶 亠 之 之 | 之 之 | | | | |

| 常 | 능시 4-2급 항상 상 | 巾부의 8획 | 丶 丷 丷 丹 兴 尚 尚 常 常 | 常 常 | | | | |

| 情 | 능시 5급 뜻 정 | 心부의 8획 | 丶 忄 忄 忄 忄 情 情 情 | 情 情 | | | | |

일 각 천 금	극히 짧은 시간도 천금처럼 큰 가치가 있다는 뜻. 즐거운 때나 중요한 때가 금방 지나감을 아쉬워하는 것을 비유하는 말.
一 刻 千 金	故事成語

| 一 | 능시 8급 한 일 | 一부의 0획 | 一 | 一 一 | | | | |

| 刻 | 능시 4급 새길 각 | 刀부의 6획 | 丶 亠 亠 亥 亥 亥 刻 刻 | 刻 刻 | | | | |

| 千 | 능시 7급 일천 천 | 十부의 1획 | ノ 二 千 | 千 千 | | | | |

| 金 | 능시 8급 쇠 금 | 金부의 0획 | ノ 人 스 쓰 수 쇼 숲 金 | 金 金 | | | | |

一擧兩得

한 번 몸을 들어 두 가지를 얻는다는 뜻. 한 가지 일을 하여 두 가지의 이익을 거두는 것을 이르는 말.

故事成語

一	능시 8급	한 일	一부의 0획	一
擧	능시 5급	들 거	手부의 14획	擧 擧
兩	능시 4-2급	두 량	入부의 6획	兩 兩
得	능시 4-2급	얻을 득	彳부의 8획	得 得

一網打盡

그물을 한번 쳐서 모든 물고기를 잡는다는 뜻. 즉 한꺼번에 모조리 잡음. 상대를 한 번에 모두 없애 버리는 것을 이르는 말.

故事成語

一	능시 8급	한 일	一부의 0획	一
網	능시 2급	그물 망	糸부의 8획	網 網
打	능시 5급	칠 타	手부의 2획	打 打
盡	능시 4급	다할 진	皿부의 9획	盡 盡

일	맥	상	통	사고방식이나 생각, 처지, 상태, 성질 등이 어느 면에서 한 줄기처럼 서로 통하거나 비슷해짐을 이르는 말.
一	脈	相	通	故事成語

一	능시 8급 한 **일**	一부의 0획	一	一 一
脈	능시 4-2급 줄기 **맥**	肉부의 6획	丿 刀 月 肝 肝 脈 脈 脈	脈 脈
相	능시 5급 서로 **상**	目부의 4획	一 十 才 木 相 相 相 相	相 相
通	능시 6급 통할 **통**	辵부의 7획	マ マ 丙 丙 甬 涌 涌 通	通 通

일	사	불	란	한 올의 실도 어지럽지 않다는 말로, 질서정연하여 조금도 어지러운 데가 없다는 뜻.
一	絲	不	亂	故事成語

一	능시 8급 하나 **일**	一부의 0획	一	一 一
絲	능시 4급 실 **사**	糸부의 6획	᠘ ᠘ ᠘ ᠘ 糸 糸 �féré 絲	絲 絲
不	능시 7급 아닐 **불**	一부의 3획	一 ァ 才 不	不 不
亂	능시 4급 어지러울 **란**	乙부의 12획	᠘ ᠘ ᠘ ᠘ 爲 扅 裔 亂	亂 亂

일 사 천 리	강물이 쏟아져 단번에 천리를 간다는 뜻으로, 한번 흐르기 시작한 강처럼 사물이 거침없이 기세 좋게 진행되거나 문장(文章)이나 글이 명쾌함을 이르는 말.
一 瀉 千 里	故事成語

一	능시 8급 한 **일**	一부의 0획 一				

瀉	능시 1급 쏟을 **사**	水부의 15획 丶 丶 氵 氵 氵 沪 沪 沪 泻 泻 泻 泻 瀉 瀉				

千	능시 7급 일천 **천**	十부의 1획 ノ 二 千				

里	능시 7급 마을 **리**	里부의 0획 丨 口 曰 曰 旦 里 里				

일 석 이 조	하나의 돌로 두 마리의 새를 잡는다는 말로, 한 가지 일로 두 가지 이익을 얻는다는 뜻. 〈동의어〉 일거양득(一擧兩得)
一 石 二 鳥	故事成語

一	능시 8급 하나 **일**	一부의 0획 一				

石	능시 6급 돌 **석**	石부의 0획 一 ノ 厂 石 石				

二	능시 8급 둘 **이**	二부의 0획 一 二				

鳥	능시 4-2급 새 **조**	鳥부의 0획 丶 丿 冖 冋 冋 自 鳥 鳥				

일 자 무 식	한 글자도 아는 것이 없다는 말로, 매우 무식하다는 뜻. 〈동의어〉 목불식정(目不識丁)
一 字 無 識	故事成語

一	능시 8급 하나 **일**	一부의 0획 一	
字	능시 7급 글자 **자**	子부의 3획 丶丷宀宁宁字 字 字	
無	능시 5급 없을 **무**	火부의 8획 丿亻乍乍無無無無 無 無	
識	능시 5급 알 **식**	言부의 12획 亖言言計詝識識識 識 識	

일 장 일 단	하나의 장점과 하나의 단점이라는 말로, 장점도 있고 단점도 있다는 뜻.
一 長 一 短	故事成語

一	능시 8급 하나 **일**	一부의 0획 一	
長	능시 8급 장점 **장**	長부의 0획 丨丆丆垕툐툐튽長 長 長	
一	능시 8급 하나 **일**	一부의 0획 一	
短	능시 6급 단점 **단**	矢부의 7획 丿亠矢矢矢矢短短 短 短	

一 場 春 夢

한바탕의 봄꿈처럼 헛된 영화나 덧없는 일이란 뜻으로, 인생의 허무함을 비유하여 이르는 말.

故事成語

	능시 8급	一부의 0획	一
一	하나 일	一 一	

	능시 7급	土부의 9획	一 土 圲 坰 坰 場 場
場	마당 장	場 場	

	능시 7급	日부의 5획	一 三 声 夫 表 春 春 春
春	봄 춘	春 春	

	능시 3-2급	夕부의 11획	一 艹 茆 茜 莆 夢 夢 夢
夢	꿈 몽	夢 夢	

一 觸 卽 發

한 번 닿기만 하여도 곧 폭발한다는 뜻으로, 조그만 자극에도 곧 폭발할 것 같은 위기에 직면하고 있는 형세나 아슬아슬한 상태를 이르는 말.

故事成語

	능시 8급	一부의 0획	一
一	한 일	一 一	

	능시 3-2급	角부의 13획	卯 角 角 角 角 觖 觸 觸
觸	닿을 촉	觸 觸	

	능시 3-2급	卩부의 7획	卩 白 白 白 自 皀 卽 卽
卽	곧 즉	卽 卽	

	능시 6급	癶부의 7획	기 기 癶 癶 發 發 發 發
發	필 발	發 發	

일 취 월 장	날로 나아가고 달로 나아가다라는 말로, 학문이나 기량이 매우 빠르게 발전한다는 뜻.
日 就 月 將	故事成語

| 日 | 능시 8급
 날 **일** | 日부의 0획 | ㅣ 冂 冃 日 | 日 | 日 | | | | |

| 就 | 능시 4급
 나아갈 **취** | 尤부의 9획 | 亠 亠 亨 京 京 就 就 就 | 就 | 就 | | | | |

| 月 | 능시 8급
 달 **월** | 月부의 0획 | 丿 刀 月 月 | 月 | 月 | | | | |

| 將 | 능시 4-2급
 나아갈 **장** | 寸부의 8획 | 丬 爿 爿 爿 牁 牂 將 將 | 將 | 將 | | | | |

임 기 응 변	그때그때 처한 형편에 따라 즉각 그 자리에서 결정하거나 적당히 일을 처리함. 즉 어느 때 어느 자리에서 뜻밖의 일을 당했을 때 재빨리 형편에 따라 알맞게 대처하는 것을 말함.
臨 機 應 變	故事成語

| 臨 | 능시 3-2급
 임할 **림** | 臣부의 11획 | 丆 丅 丂 臣 臣 臨 臨 臨 | 臨 | 臨 | | | | |

| 機 | 능시 4급
 때 **기** | 木부의 12획 | 木 桜 桜 桜 榿 機 機 機 | 機 | 機 | | | | |

| 應 | 능시 4-2급
 응할 **응** | 心부의13획 | 亠 广 庐 庐 庐 雁 應 應 | 應 | 應 | | | | |

| 變 | 능시 5급
 변할 **변** | 言부의16획 | 言 緕 緕 綜 緣 緣 變 變 | 變 | 變 | | | | |

입 신 양 명	몸을 세워 이름을 날린다는 말로, 출세하여 이름이 세상에 알려지게 된다는 뜻.
立身揚名	故事成語

立	능시 7급 세울 립	立부의 0획	`丶 亠 亍 立`	立 立					
身	능시 6급 몸 신	身부의 0획	`丿 亻 疒 自 身 身`	身 身					
揚	능시 3-2급 날릴 양	手부의 9획	`十 扌 扌 护 捍 捏 捏 揚 揚`	揚 揚					
名	능시 7급 이름 명	口부의 3획	`丿 夕 夕 夕 名 名`	名 名					

자 가 당 착	자기가 한 말이나 글의 앞뒤가 맞지 않는다는 뜻으로, 특히 말과 행동이 앞뒤가 맞지 않을 때를 말함.
自家撞着	故事成語

自	능시 7급 스스로 자	自부의 0획	`丿 亻 疒 自 自`	自 自					
家	능시 7급 집 가	宀부의 7획	`丶 宀 宀 宁 宁 宇 宇 家 家`	家 家					
撞	능시 1급 칠 당	手부의 12획	`一 十 扌 扌 扩 扩 护 护 撞 撞 撞 撞 撞`	撞 撞					
着	능시 5급 붙을 착	目부의 7획	`丷 丷 羊 羊 着 着 着`	着 着					

자	승	자	박	자기가 꼰 줄로 자기 몸을 묶는다는 뜻으로, 자신의 마음 씀씀이나 언행 때문에 자신의 행동이 자유롭지 않거나 자신에게 피해가 돌아오는 경우를 이르는 말.
自	繩	自	縛	故事成語

自	능시 7급 스스로 **자**	自부의 0획	´ ⺁ ⼧ ⾃ ⾃ 自
		自 自	

繩	능시 2급 새끼 **승**	糸부의 13획	糸 紂 紀 紀 紉 紃 紲 絕 絕 繩 繩 繩 繩
		繩 繩	

自	능시 7급 스스로 **자**	自부의 0획	´ ⺁ ⼧ ⾃ ⾃ 自
		自 自	

縛	능시 1급 묶을 **박**	糸부의 10획	⺀ ⺀ ⼜ ⺂ 糸 紆 紆 紓 絹 縛 縛 縛 縛
		縛 縛	

자	초	지	종	처음부터 끝까지의 동안이나 일이라는 뜻. 〈동의어〉 전후수말(前後首末), 자초지말(自初至末)
自	初	至	終	故事成語

自	능시 7급 스스로 **자**	自부의 0획	´ ⺁ ⼧ ⾃ ⾃ 自
		自 自	

初	능시 5급 처음 **초**	刀부의 5획	` ⼀ ⼓ ⼘ ⼙ 初 初
		初 初	

至	능시 4-2급 이를 **지**	至부의 0획	⼀ ⼆ ⼟ ⼛ 至 至
		至 至	

終	능시 5급 마칠 **종**	糸부의 5획	⺀ ⼛ 糸 紆 紓 終 終 終
		終 終	

자	화	자	찬	자기가 그린 그림을 자기 스스로 칭찬한다는 뜻으로, 자신이 한 행위를 스스로 자랑하는 것을 일컫는 말.
自	畫	自	讚	故事成語

自	능시 7급 스스로 **자**	自부의 0획	´ ⺆ ⺆ 自 自 自	自	自				

畫	능시 6급 그림 **화**	田부의 7획	⁊ ⼹ ⼹ 聿 畫 晝 畫 畫 畫	畫	畫				

自	능시 7급 스스로 **자**	自부의 0획	´ ⺆ ⺆ 自 自 自	自	自				

讚	능시 4급 기릴 **찬**	言부의 19획	言 言 語 讚 讚 讚 讚 讚	讚	讚				

작	심	삼	일	마음을 먹은 지 사흘밖에 못 간다라는 말로, 계획이나 다짐이 오래 가지 못한다는 뜻. 〈반의어〉 초지불변(初志不變)
作	心	三	日	故事成語

作	능시 6급 지을 **작**	人부의 5획	´ ⼈ ⼈ ⼈ 作 作 作	作	作				

心	능시 7급 마음 **심**	心부의 0획	⼂ 心 心 心	心	心				

三	능시 8급 셋 **삼**	一부의 2획	⼀ ⼆ 三	三	三				

日	능시 8급 날 **일**	日부의 0획	⼁ ⼌ ⺜ 日	日	日				

賊反荷杖

도둑이 도리어 몽둥이를 든다는 뜻으로, 잘못한 사람이 도리어 잘한 사람을 나무라는 경우를 이르는 말.

故事成語

賊	능시 4급 도둑 **적**	貝부의 6획 ⺀ ⺊ 目 貝 貯 貯 賊 賊 賊	賊 賊			

反	능시 6급 돌이킬 **반**	又부의 2획 ⺀ 厂 厅 反	反 反			

荷	능시 3-2급 멜 **하**	艸부의 7획 ⺀ ⺊ ⺮ ⺮ 荷 荷 荷 荷	荷 荷			

杖	능시 1급 몽둥이 **장**	木부의 3획 ⺀ 十 才 木 木 杜 杖	杖 杖			

適材適所

적당한 재목을 적절한 곳에 사용한다는 뜻으로, 어떤 일에 적당한 재능을 가진 사람에게 그에 적합한 지위나 임무를 맡기는 것을 이르는 말.

故事成語

適	능시 4급 맞을 **적**	辵부의 11획 ⺀ ⺊ 啇 啇 商 商 滴 適	適 適			

材	능시 5급 재목 **재**	木부의 3획 ⺀ 十 才 木 木 材 材	材 材			

適	능시 4급 맞을 **적**	辵부의 11획 ⺀ ⺊ 啇 啇 商 商 滴 適	適 適			

所	능시 7급 바 **소**	戶부의 4획 ⺀ 厂 户 戶 戶 所 所 所	所 所			

전	광	석	화	번갯불과 부싯돌의 불이라는 뜻. 즉 번갯불이나 부싯돌의 불이 번

電 光 石 火

번갯불과 부싯돌의 불이라는 뜻. 즉 번갯불이나 부싯돌의 불이 번쩍이는 것처럼 극히 짧은 시간이나 아주 빠르고 신속한 동작, 또는 일이 매우 빠른 것을 가리키는 말.

故事成語

電	능시 7급	번개 전	雨부의 5획	一 一 一 一 一 雷 雷 電	電 電
光	능시 6급	빛 광	儿부의 4획	一 一 一 一 一 光	光 光
石	능시 6급	돌 석	石부의 0획	一 丆 丆 石 石	石 石
火	능시 8급	불 화	火부의 0획	丶 丷 少 火	火 火

전	무	후	무	이전에도 없었고 이후에도 있을 수 없다는 뜻으로, 전에도 없었고

前 無 後 無

이전에도 없었고 이후에도 있을 수 없다는 뜻으로, 전에도 없었고 앞으로도 경험하기 어려운 매우 놀랍고 뛰어난 것을 이르는 말.

故事成語

前	능시 7급	앞 전	刀부의 7획	丷 丷 广 广 前 前 前 前	前 前
無	능시 5급	없을 무	火부의 8획	丿 一 二 二 無 無 無 無	無 無
後	능시 7급	뒤 후	彳부의 6획	丿 彳 彳 彳 彳 後 後 後	後 後
無	능시 5급	없을 무	火부의 8획	丿 一 二 二 無 無 無 無	無 無

戰 戰 兢 兢

전전(戰戰)은 겁을 먹고 벌벌 떠는 것, 긍긍(兢兢)은 조심해 몸을 움츠리는 것으로, 어떤 위기감에 떠는 심정을 비유한 말.

故事成語

戰	능시 6급 싸움 전	戈부의 12획	`` 門 曽 單 戰 戰 戰	戰 戰
戰	능시 6급 싸움 전	戈부의 12획	`` 門 曽 單 戰 戰 戰	戰 戰
兢	능시 2급 떨릴 긍	儿부의 12획	一 十 土 吉 吉 步 克 克 克 兢 兢 兢	兢 兢
兢	능시 2급 떨릴 긍	儿부의 12획	一 十 土 吉 吉 步 克 克 克 兢 兢 兢	兢 兢

轉 禍 爲 福

재앙이 바뀌어 오히려 복이 된다는 뜻으로, 강한 의지와 노력으로 힘쓰면 불행을 행복으로 바꿔놓을 수 있다는 말. 화가 복이 될 수도 있고, 복이 화가 될 수도 있다는 세상의 이치를 가리키는 말.

故事成語

轉	능시 4급 구를 전	車부의 11획	亘 車 軒 軒 軒 軒 轉	轉 轉
禍	능시 3-2급 재앙 화	示부의 9획	礻 禾 礽 福 禍 禍 禍	禍 禍
爲	능시 4-2급 할 위	爪부의 8획	`` 爫 爫 严 爲 爲 爲 爲	爲 爲
福	능시 4-2급 복 복	示부의 9획	礻 禾 礽 福 福 福 福 福	福 福

절 차 탁 마	옥이나 돌을 자르고 갈고 다듬어 빛을 낸다는 뜻으로, 학문이나 자신의 이상, 인격을 갈고 닦아 목표에 이르는 것을 말함.
切 磋 琢 磨	故事成語

切	능시 5급	끊을 **절**	刀부의 2획	一 七 切 切	切 切

磋	상용	갈 **차**	石부의 10획	一 ｢ 厂 石 石 石 矿 矿 矿 磋 磋 磋 磋	磋 磋

琢	능시 2급	다듬을 **탁**	玉부의 8획	一 二 丁 王 王 玗 珡 珡 琢 琢 琢	琢 琢

磨	능시 3-2급	갈 **마**	石부의 11획	一 广 广 庀 府 麻 麻 磨	磨 磨

정 문 일 침	정수리에 하나의 침이라는 말로, 남의 잘못을 똑바로 찌른 따끔한 비판이나 충고라는 뜻.
頂 門 一 針	故事成語

頂	능시 3-2급	정수리 **정**	頁부의 2획	一 丁 丁 亣 顶 頂 頂 頂	頂 頂

門	능시 8급	문 **문**	門부의 0획	丨 ｢ ｢ ｢ 門 門 門 門	門 門

一	능시 8급	하나 **일**	一부의 0획	一	一 一

針	능시 4급	바늘 **침**	金부의 2획	ノ 人 스 스 쇼 金 金 針	針 針

정	저	지	와	우물 안 개구리란 뜻으로, 보고 들은 견문이 좁아 세상 형편을 모르는 사람을 비유함. 〈유사어〉 좌정관천(坐井觀天)
井	底	之	蛙	故事成語

井	능시 3-2급 우물 정	二부의 2획 一 二 井 井	井 井				

底	능시 4급 밑 저	广부의 5획 ` 一 广 广 广 庐 底 底	底 底				

之	능시 3-2급 어조사 지	ノ부의 3획 ` 一 亠 之	之 之				

蛙	상용 개구리 와	虫부의 6획 ` 口 口 中 虫 虫 虫 虬 蚌 蛙 蛙	蛙 蛙				

조	삼	모	사	아침에 세 개, 저녁에 네 개라는 뜻으로, 당장 눈앞의 차이만을 알고 그 결과가 같음을 모르는 것을 비유하는 말. 간사한 꾀로 사람을 속여 희롱함을 이르는 말.
朝	三	暮	四	故事成語

朝	능시 6급 아침 조	月부의 8획 一 十 古 古 直 卓 朝 朝	朝 朝				

三	능시 8급 셋 삼	一부의 2획 一 二 三	三 三				

暮	능시 3급 저녁 모	日부의 11획 ` 一 十 艹 苩 苩 莫 莫 暮 暮	暮 暮				

四	능시 8급 넷 사	口부의 2획 丶 冂 四 四 四	四 四				

종	두	득	두	콩을 심으면 콩을 얻는다는 말로, 원인에 따라 결과가 나온다는 뜻.
種 豆 得 豆				故事成語

種	능시 5급 심을 **종**	禾부의 9획	´ 千 禾 種 稻 種 種 種

種 種

豆	능시 4-2급 콩 **두**	豆부의 0획	一 厂 厅 戸 豆 豆 豆

豆 豆

得	능시 4-2급 얻을 **득**	彳부의 8획	´ ´ ´ ´ 彳 得 得 得

得 得

豆	능시 4-2급 콩 **두**	豆부의 0획	一 厂 厅 戸 豆 豆 豆

豆 豆

좌	정	관	천	우물에 앉아서 하늘을 본다는 말로, 세상물정을 너무 모름. 견문이 좁다라는 뜻.
坐 井 觀 天				故事成語

坐	능시 3-2급 앉을 **좌**	土부의 4획	´ ⺌ ⺌ 坐 坐 坐 坐

坐 坐

井	능시 3-2급 우물 **정**	二부의 2획	一 二 ナ 井

井 井

觀	능시 5급 볼 **관**	見부의 18획	` ⺍ 苩 苩 藋 藋 觀 觀

觀 觀

天	능시 7급 하늘 **천**	大부의 1획	一 二 千 天

天 天

좌	지	우	지	왼쪽으로 하고 싶으면 왼쪽으로 하고, 오른쪽으로 하고 싶으면 오른쪽으로 한다는 말로, 일을 마음대로 처리한다는 뜻.

左之右之

故事成語

左	능시 7급	工부의 2획	一 ナ ナ 左 左
	왼쪽 **좌**	左 左	

之	능시 3-2급	丿부의 3획	丶 亠 ㇈ 之
	어조사 **지**	之 之	

右	능시 7급	口부의 2획	丿 ナ ナ 右 右
	오른쪽 **우**	右 右	

之	능시 3-2급	丿부의 3획	丶 亠 ㇈ 之
	어조사 **지**	之 之	

주	객	전	도	주인과 손님이 뒤바뀌었다는 뜻. 즉 사물의 경중이나 선후가 뒤바뀌거나, 손님이 주인 노릇 하듯이 입장이나 역할, 행동이 뒤바뀐 모습을 일컫는 말. 〈동의어〉 객반위주(客反爲主)

主客顚倒

故事成語

主	능시 7급	丶부의 4획	丶 亠 亠 主 主
	주인 **주**	主 主	

客	능시 5급	宀부의 6획	丶 宀 宀 宀 安 安 客 客
	손님 **객**	客 客	

顚	능시 1급	頁부의 10획	丶 ㅏ ㅏ 片 片 直 直 眞 眞 眞 眞 顚 顚 顚
	뒤집힐 **전**	顚 顚	

倒	능시 3-2급	人부의 8획	亻 仁 仁 仸 倅 倅 倒 倒
	넘어질 **도**	倒 倒	

주	경	야	독
晝 耕 夜 讀			

낮에는 밭을 갈고 밤에는 책을 읽는다는 말로, 일을 하면서 어렵게 공부한다는 뜻. 〈동의어〉 청경우독(晴耕雨讀)

故事成語

晝	능시 6급	日부의 7획	ㄱ ㅋ ㅋ 聿 書 書 書 晝
	낮 **주**	晝 晝	

耕	능시 3-2급	耒부의 4획	一 二 丰 未 耒 耒 耕 耕
	밭갈 **경**	耕 耕	

夜	능시 6급	夕부의 5획	` 一 广 疒 疒 夜 夜 夜
	밤 **야**	夜 夜	

讀	능시 6급	言부의 15획	≟ 言 計 許 讀 讀 讀 讀
	읽을 **독**	讀 讀	

주	마	가	편
走 馬 加 鞭			

달리는 말에 계속 채찍질을 한다는 말로, 최선을 다하여 열심히 하고 있는 사람을 더욱 부추기거나 몰아친다는 뜻.

故事成語

走	능시 4-2급	走부의 0획	一 十 土 キ キ 走 走
	달릴 **주**	走 走	

馬	능시 5급	馬부의 0획	｜ 厂 厂 匚 馬 馬 馬 馬
	말 **마**	馬 馬	

加	능시 5급	力부의 3획	ㄱ 力 加 加 加
	더할 **가**	加 加	

鞭	능시 1급	革부의 9획	ㅂ ㅂ 봄 봄 莒 革 革 軯 靽 鞭 鞭 鞭 鞭
	채찍 **편**	鞭 鞭	

주	마	간	산	달리는 말에서 산을 본다는 말로, 자세히 살펴 볼 겨를이 없이 바쁘게 대강대강 보고 지난다는 뜻.

走 馬 看 山

故事成語

走	능시 4-2급 달릴 **주**	走부의 0획	一 十 土 干 丰 走 走 走 走
馬	능시 5급 말 **마**	馬부의 0획	丨 厂 厂 厂 丐 馬 馬 馬 馬 馬 馬
看	능시 4급 볼 **간**	目부의 4획	一 二 チ 手 尹 看 看 看 看 看 看
山	능시 8급 산 **산**	山부의 0획	丨 山 山 山 山

죽	마	고	우	대나무 말을 타고 놀던 옛 벗이라는 말로, 어렸을 적에 함께 놀던 친구라는 뜻.

竹 馬 故 友

故事成語

竹	능시 4-2급 대나무 **죽**	竹부의 0획	丿 亠 亠 亇 竹 竹 竹 竹
馬	능시 5급 말 **마**	馬부의 0획	丨 厂 厂 厂 丐 馬 馬 馬 馬 馬 馬
故	능시 4-2급 예 **고**	攵부의 5획	十 十 古 古 古 故 故 故 故
友	능시 5급 벗 **우**	又부의 2획	一 ナ 方 友 友 友

중 과 부 적	적은 수효로 많은 수효를 대적하지 못한다는 뜻. 적은 사람으로는 많은 사람을 이기지 못함.
衆寡不敵	故事成語

| 衆 | 능시 4-2급 무리 중 | 血부의 6획 ′ 宀 血 血 血 血 卑 衆 衆 | 衆 衆 | | | |

| 寡 | 능시 3-2급 적을 과 | 宀부의 11획 宀 宀 宁 宫 宣 宣 寡 寡 | 寡 寡 | | | |

| 不 | 능시 7급 아닐 부 | 一부의 3획 一 ア 不 不 | 不 不 | | | |

| 敵 | 능시 4-2급 적 적 | 攴부의 11획 ′ 宀 商 商 商 商 敵 敵 | 敵 敵 | | | |

중 구 난 방	여러 사람의 입을 막기 어렵다는 뜻으로, 여러, 사람이 각기 말하는 의견이 봇물 터지듯이 쏟아져 나오는 것을 말함. 많은 사람들이 함부로 떠들어 대는 것은 감당하기 어려우니 행동을 조심해야 한다는 말.
衆口難防	故事成語

| 衆 | 능시 4-2급 무리 중 | 血부의 6획 ′ 宀 血 血 血 血 卑 衆 衆 | 衆 衆 | | | |

| 口 | 능시 7급 입 구 | 口부의 0획 丨 冂 口 | 口 口 | | | |

| 難 | 능시 4-2급 어려울 난 | 隹부의 11획 一 廿 苫 荁 蓳 蓳 難 難 | 難 難 | | | |

| 防 | 능시 4-2급 막을 방 | 阜부의 4획 ′ 阝 阝 阝 阽 防 防 | 防 防 | | | |

知 己 之 友

자기를 가장 잘 알아주는 벗이라는 뜻으로, 서로 마음과 뜻이 통하는 친한 친구를 가리키는 말. 〈준말〉 지기(知己)

故事成語

	능시 5급	矢부의 3획	ノ ← ← 矢 知 知 知				
知	알 지	知 知					

	능시 5급	己부의 0획	⊐ ⊐ 己				
己	몸 기	己 己					

	능시 3-2급	ノ부의 3획	丶 一 ⊃ 之				
之	어조사 지	之 之					

	능시 5급	又부의 2획	一 ナ 方 友				
友	벗 우	友 友					

至 誠 感 天

정성을 지극히 하면 하늘도 감동한다는 말로, 어떤 일이든지 정성 껏 하면 하늘도 움직여 어려운 일도 순조롭게 풀려 좋은 결과를 맺는다는 뜻.

故事成語

	능시 4-2급	至부의 0획	一 Ʒ Ʒ Ʒ 至 至				
至	지극할 지	至 至					

	능시 4-2급	言부의 7획	言 言 言 言 訂 訂 誠 誠				
誠	정성 성	誠 誠					

	능시 6급	心부의 9획	ノ 厂 后 咸 咸 咸 感 感				
感	느낄 감	感 感					

	능시 7급	大부의 1획	一 二 チ 天				
天	하늘 천	天 天					

知彼知己

제[적]를 알고 나를 안다는 말로, 상대방의 사정이나 형편과 나의 힘을 자세히 잘 안다라는 뜻.

故事成語

| 知 | 능시 5급　알 지 | 矢부의 3획 | ノ 二 ケ 矢 知 知 知 | 知 | 知 | | | | |

| 彼 | 능시 3-2급　저 피 | 彳부의 5획 | ノ ク 彳 彳 卯 卯 彼 彼 | 彼 | 彼 | | | | |

| 知 | 능시 5급　알 지 | 矢부의 3획 | ノ 二 ケ 矢 知 知 知 | 知 | 知 | | | | |

| 己 | 능시 5급　나 기 | 己부의 0획 | フ ㄱ 己 | 己 | 己 | | | | |

進退兩難

나아가기도 물러나기도 둘 다 어렵다는 말로, 이러지도 저러지도 못한다는 뜻.

故事成語

| 進 | 능시 4-2급　나아갈 진 | 辶부의 8획 | 亻 亻 仁 隹 隹 淮 進 進 | 進 | 進 | | | | |

| 退 | 능시 4-2급　물러날 퇴 | 辶부의 6획 | ㄱ ㅋ ㅋ 艮 艮 艮 退 退 | 退 | 退 | | | | |

| 兩 | 능시 4-2급　둘 량 | 入부의 6획 | 一 冂 冂 丙 丙 雨 雨 | 雨 | 雨 | | | | |

| 難 | 능시 4-2급　어려울 난 | 隹부의 11획 | 一 艹 甘 堇 菓 蓳 蓳 難 | 難 | 難 | | | | |

창 해 일 속	큰 바다에 던져진 좁쌀 한 톨이라는 뜻으로, 크고 넓은 것 가운데 있는 아주 작은 것을 비유하는 말. 〈유사어〉 구우일모(九牛一毛)
滄 海 一 粟	**故事成語**

滄	능시 2급 푸를 **창**	水부의 10획 `丶丶氵氵汃汃汃汃汃滄滄滄滄` 滄 滄

海	능시 7급 바다 **해**	水부의 7획 `氵氵氵汁海海海海` 海 海

一	능시 8급 하나 **일**	一부의 0획 `一` 一 一 一

粟	능시 3급 조 **속**	米부의 6획 `一一一西西西西亜粟粟` 粟 粟

천 고 마 비	하늘은 높고 말이 살찐다는 뜻으로, 오곡백과가 무르익는 가을이 썩 좋은 절기임을 일컫는 말.
天 高 馬 肥	**故事成語**

天	능시 7급 하늘 **천**	大부의 1획 `一二千天` 天 天

高	능시 6급 높을 **고**	高부의 0획 `丶一一六古古高高高高` 高 高

馬	능시 5급 말 **마**	馬부의 0획 `丨厂厂厂厍厍馬馬馬馬` 馬 馬

肥	능시 3-2급 살찔 **비**	肉부의 4획 `丿刀月月肝肥肥肥肥` 肥 肥

千慮一得

천 번을 생각하면 한 번 얻는 것이 있다는 뜻. 즉 많은 생각 속에는 한 가지 쓸만한 것이 있으니, 아무리 모자란 사람도 가끔 뛰어난 성과를 거둘 때가 있음을 일컫는 말.

故事成語

千	능시 7급 일천 천	十부의 1획 ´ 二 千	千	千					

慮	능시 4급 생각할 려	心부의 11획 ᅩ 广 广 虍 虍 虑 慮 慮	慮	慮					

一	능시 8급 한 일	一부의 0획 一	一	一					

得	능시 4-2급 얻을 득	彳부의 8획 彳 彳 彳 彳 彳 得 得 得	得	得					

千慮一失

천 가지 생각 중에 한 가지쯤은 잘못 생각할 수 있다는 말로, 지혜로운 사람도 미처 생각하지 못하는 것이 있다는 뜻.

故事成語

千	능시 7급 일천 천	十부의 1획 ´ 二 千	千	千					

慮	능시 4급 생각할 려	心부의 11획 ᅩ 广 广 虍 虍 虑 慮 慮	慮	慮					

一	능시 8급 하나 일	一부의 0획 一	一	一					

失	능시 6급 잃을 실	大부의 2획 ´ ´ 二 失 失	失	失					

천	방	지	축	어리석은 사람이 분별없이 함부로 덤비거나 사방으로 날뛰는 모습, 또는 너무 바빠서 두서를 잡지 못하고 허둥대는 모습을 가리키는 말.
天 方 地 軸				故事成語

天	능시 7급 하늘 천	大부의 1획 天 天	ー二チ天

方	능시 7급 사방 방	方부의 0획 方 方	丶一宁方

地	능시 7급 땅 지	土부의 3획 地 地	一十土圵地地

軸	능시 2급 굴대 축	車부의 5획 軸 軸	一冂冂冃百亘車車軐軕軸軸

천	신	만	고	천 가지의 매운 것과 만 가지의 쓴 것이라는 말로, 온갖 어려움이라는 뜻.
千 辛 萬 苦				故事成語

千	능시 7급 일천 천	十부의 1획 千 千	ノ二千

辛	능시 3급 매울 신	辛부의 0획 辛 辛	丶丷一宁立辛辛

萬	능시 8급 일만 만	艸부의 9획 萬 萬	艹艹芦芾莒萬萬萬

苦	능시 6급 쓸 고	艸부의 5획 苦 苦	丶艹艹芊芋苦苦

천	의	무	봉	하늘나라의 옷에는 꿰맨 자국이 없다는 뜻으로, 전혀 기교를 부리지 않았음에도 훌륭한 것을 말함. 즉 문장이나 사물에 아무런 흠이나 결점이 없이 완전함을 가리키는 말.
天	衣	無	縫	故事成語

天	능시 7급 하늘 천	大부의 1획 ` 一 二 チ 天	天 天

衣	능시 6급 옷 의	衣부의 0획 ` 一 ナ ア 才 衣 衣	衣 衣

無	능시 5급 없을 무	火부의 8획 ` ᅩ ᅳ ᅬ 無 無 無 無	無 無

縫	능시 2급 꿰맬 봉	糸부의 11획 ` ᄼ ᄽ ᄾ 糸 糸' 糹 終 終 縫 縫 縫 縫	縫 縫

천	재	일	우	천년에 한 번 만날 만한 기회라는 뜻으로, 좀처럼 얻기 어렵고 다시 오기 힘든 좋은 기회를 일컫는 말.
千	載	一	遇	故事成語

千	능시 7급 일천 천	十부의 1획 ` 二 千	千 千

載	능시 3-2급 실을 재	車부의 6획 ᅩ ᅭ 吉 直 車 載 載 載	載 載

一	능시 8급 한 일	一부의 0획 一	一 一

遇	능시 4급 만날 우	辵부의 9획 ᄁ 日 吊 禺 禺 禺 遇 遇	遇 遇

千篇一律

천 편의 시문이 하나의 가락이다라는 말로, 많은 사물이 개별적 특성이 없이 모두 엇비슷하다라는 뜻.

故事成語

千	능시 7급 일천 천	十부의 1획	ノ二千	千	千				

篇	능시 4급 편 편	竹부의 9획	` ` `` ``` `` ``` 篇 篇 篇	篇	篇				

一	능시 8급 하나 일	一부의 0획	一	一	一				

律	능시 4-2급 가락 률	彳부의 6획	ノ 彳 彳 彳 彳 律 律 律	律	律				

晴耕雨讀

개인 날에는 밭을 갈고, 비 오는 날에는 책을 읽는다는 말로, 부지런히 일하며 틈틈이 시간 나는 대로 공부한다는 뜻.

故事成語

晴	능시 3급 개일 청	日부의 8획	刂 日 日 ⌐ 旷 旷 晴 晴 晴	晴	晴				

耕	능시 3-2급 밭갈 경	耒부의 4획	一 三 丰 耒 耒 耒 耕 耕	耕	耕				

雨	능시 5급 비 우	雨부의 0획	一 一 一 一 雨 雨 雨 雨	雨	雨				

讀	능시 6급 읽을 독	言부의 15획	亠 言 言 許 讀 讀 讀 讀	讀	讀				

青天霹靂

청 천 벽 력

맑게 갠 하늘에서 갑자기 떨어지는 벼락이라는 뜻으로, 뜻밖에 일어난 큰 변동이나 갑자기 생긴 큰 사건을 이르는 말.

故事成語

青	능시 8급	푸를 청	青부의 0획	一 十 圭 圭 青 青 青	青 青
天	능시 7급	하늘 천	大부의 1획	一 二 チ 天	天 天
霹	상용	벼락 벽	雨부의 13획	一 二 中 乕 乕 乕 雫 雫 霏 霏 霹 霹 霹	霹 霹
靂	상용	벼락 력	雨부의 16획	一 二 中 乕 乕 雫 雫 雫 雫 雫 霏 霏 靂 靂	靂 靂

青出於藍

청 출 어 람

푸른 물감은 쪽풀에서 나왔으나 쪽풀보다 더 푸르다는 뜻으로, 제자가 스승보다 더 뛰어남을 비유한 말.

故事成語

青	능시 8급	푸를 청	青부의 0획	一 十 圭 圭 青 青 青	青 青
出	능시 7급	나올 출	凵부의 3획	丨 屮 屮 出 出	出 出
於	능시 3급	어조사 어	方부의 4획	` ˊ 亠 方 圹 扵 於 於	於 於
藍	능시 2급	쪽 람	艸부의 14획	一 艹 芒 芒 莽 莽 莖 藍 藍 藍 藍	藍 藍

| 초 | 록 | 동 | 색 | 풀빛과 녹색은 같은 빛깔이란 뜻으로, 같은 처지의 사람과 어울리거나 기우는 것을 말함. |

草綠同色

故事成語

草	능시 7급	풀 **초**	艸부의 6획	ㅣ ㅛ ㅛ ㅛ ㅛ 芦 芦 草	草 草
綠	능시 6급	푸를 **록**	糸부의 8획	糸 糸 糽 紀 綠 綠 綠 綠	綠 綠
同	능시 7급	한가지 **동**	口부의 3획	ㅣ 冂 冂 冂 同 同	同 同
色	능시 7급	빛 **색**	色부의 0획	ㄱ ㄱ ㅅ ㅅ ㅅ 色	色 色

| 초 | 지 | 일 | 관 | 처음에 세운 뜻을 이루기 위해 한결같은 마음으로 끝까지 밀고 나가는 모습을 일컫는 말. |

初志一貫

故事成語

初	능시 5급	처음 **초**	刀부의 5획	ㄱ ㅋ ㅓ ㅓ ㅓ 初 初	初 初
志	능시 4-2급	뜻 **지**	心부의 3획	一 十 士 志 志 志 志	志 志
一	능시 8급	한 **일**	一부의 0획	一	一 一
貫	능시 3-2급	꿰뚫을 **관**	貝부의 4획	ㄴ ㅁ ㅁ ㅃ ㅃ 貫 貫 貫 貫	貫 貫

寸 鐵 殺 人

한 치의 칼로 사람을 죽인다는 뜻으로, 간단한 경구로 어떤 일이나 상대방의 급소를 찔러 당황시키거나 감동시키는 것을 비유한 말.

故事成語

寸	능시 8급 마디 **촌**	寸부의 0획 一 十 寸	寸 寸						

鐵	능시 5급 쇠 **철**	金부의 13획 金 釒 釫 鉒 鐼 鐵 鐵 鐵	鐵 鐵						

殺	능시 4-2급 죽일 **살**	殳부의 7획 乂 杀 杀 杀 杀 殺 殺 殺	殺 殺						

人	능시 8급 사람 **인**	人부의 0획 丿 人	人 人						

七 顚 八 起

일곱 번 넘어져도 여덟 번째 일어난다는 뜻으로, 실패를 거듭해도 결코 좌절하거나 포기하지 않고 다시 일어서는 꿋꿋한 모습을 가리키는 말.

故事成語

七	능시 8급 일곱 **칠**	一부의 1획 一 七	七 七						

顚	능시 1급 넘어질 **전**	頁부의 10획 ' 匕 上 ᆸ 旨 眞 眞 眞 顚 顚	顚 顚						

八	능시 8급 여덟 **팔**	八부의 0획 丿 八	八 八						

起	능시 4-2급 일어날 **기**	走부의 3획 土 土 キ ‡ 丰 走 起 起	起 起						

他山之石

다른 산의 돌도 내 산의 옥돌을 가는 숫돌로 소용이 된다는 말로, 남의 하찮은 언행도 자신의 수양에 도움이 된다는 뜻.

故事成語

| 他 | 능시 5급 | 다를 **타** | 人부의 3획 | ノ イ 仆 仲 他 |
| 他 他 |

| 山 | 능시 8급 | 산 **산** | 山부의 0획 | ㅣ 山 山 |
| 山 山 |

| 之 | 능시 3-2급 | 어조사 **지** | ノ부의 3획 | 丶 亠 之 |
| 之 之 |

| 石 | 능시 6급 | 돌 **석** | 石부의 0획 | 一 ア 石 石 石 |
| 石 石 |

泰然自若

마음에 어떤 자극이나 충동을 받아도 동요하지 않고 움직임이 없음. 즉 어떤 일이 있어도 흔들리거나 두려워하는 일 없이 천연스러운 품성을 일컫는 말. 〈유사어〉 담소자약(談笑自若)

故事成語

| 泰 | 능시 3-2급 | 클 **태** | 水부의 5획 | 三 夫 表 泰 泰 泰 泰 |
| 泰 泰 |

| 然 | 능시 7급 | 그러할 **연** | 火부의 8획 | ノ ク タ タ 外 狀 狀 然 然 |
| 然 然 |

| 自 | 능시 7급 | 스스로 **자** | 自부의 0획 | ノ 亻 甶 甶 自 自 |
| 自 自 |

| 若 | 능시 3-2급 | 같을 **약** | 艸부의 5획 | 一 艹 艹 艹 若 若 若 |
| 若 若 |

兎死狗烹

토 사 구 팽

토끼 사냥이 끝나면 사냥개는 잡아먹힌다는 말로, 쓸모가 있을 때는 긴요하게 쓰이다가 쓸모가 없어지면 헌신짝처럼 버려진다는 뜻.

故事成語

| 兎 | 상용
토끼 **토** | 儿의 6획 | 丿 丆 午 台 丙 乕 兎 兎 | 兎 兎 | | | | |

| 死 | 능시 6급
죽을 **사** | 歹부의 2획 | 一 厂 歹 歹 死 | 死 死 | | | | |

| 狗 | 능시 3급
개 **구** | 犬부의 5획 | 丿 犭 犭 犭 狗 狗 狗 狗 | 狗 狗 | | | | |

| 烹 | 상용
삶을 **팽** | 火부의 7획 | 丶 一 宀 亠 古 亨 亨 亨 烹 烹 | 烹 烹 | | | | |

破竹之勢

파 죽 지 세

대를 쪼개는 기세라는 말로, 세력이 강하여 감히 물리칠 수 없는 기세라는 뜻.

故事成語

| 破 | 능시 4-2급
가를 **파** | 石부의 5획 | 丆 石 石 石 矿 矿 破 破 | 破 破 | | | | |

| 竹 | 능시 4-2급
대나무 **죽** | 竹부의 0획 | 丿 ㇒ 仁 竹 竹 竹 | 竹 竹 | | | | |

| 之 | 능시 3-2급
어조사 **지** | 丿부의 3획 | 丶 亠 之 | 之 之 | | | | |

| 勢 | 능시 4-2급
기세 **세** | 力부의 11획 | 土 ㇇ 奉 埶 執 執 勢 勢 | 勢 勢 | | | | |

표 리 부 동	겉과 속이 같지 않다는 뜻으로, 마음이 음흉하여 겉과 속이 다른 사람이나 행동을 가리키는 말.
表 裏 不 同	故事成語

表	능시 6급 겉 표	衣부의 3획	一 二 キ 主 キ 主 表 表

裏	능시 3-2급 속 리	衣부의 7획	一 ナ 古 古 审 审 東 裏 裏

不	능시 7급 아닐 부	一부의 3획	一 フ 不 不

同	능시 7급 한가지 동	口부의 3획	丨 冂 冂 同 同 同

풍 수 지 탄	효도를 다하지 못하고 어버이를 여읜 자식의 슬픔을 일컫는 말. 부모님에게 효도를 다하려고 생각할 때에는 이미 돌아가셔서 그 뜻을 이룰 수 없음을 이르는 말.
風 樹 之 歎	故事成語

風	능시 6급 바람 풍	風부의 0획	丿 几 凡 风 风 凤 風 風

樹	능시 6급 나무 수	木부의 12획	十 才 杧 柞 桂 桔 樹 樹

之	능시 3-2급 어조사 지	丿부의 3획	丶 之 之 之

歎	능시 4급 탄식할 탄	欠부의 11획	一 廿 苗 莫 莫 歎 歎 歎

風前燈火

풍 전 등 화

바람 앞의 등불이라는 뜻으로, 사물(事物)이 오래 견디지 못하고 매우 위급한 상황에 놓여 있음을 비유하는 말.

故事成語

風	능시 6급	바람 **풍**	風부의 0획	) 八凡凡凨凨風風	風 風
前	능시 7급	앞 **전**	刀부의 7획	⺌⺌广广前前前前	前 前
燈	능시 4-2급	등불 **등**	火부의 12획	火 灯 燈 燈 燈 燈 燈 燈	燈 燈
火	능시 8급	불 **화**	火부의 0획	、ソ火火	火 火

鶴首苦待

학 수 고 대

학의 목처럼 길게 빼고 기다린다는 뜻으로, 몹시 고대하고 안타깝게 기다리는 모습을 이르는 말.

故事成語

鶴	능시 3-2급	학 **학**	鳥부의 10획	一 ナ 隹 隺 雀 鶴 鶴 鶴	鶴 鶴
首	능시 5급	머리 **수**	首부의 0획	⺌⺌ 艹 艹 首 首 首 首	首 首
苦	능시 6급	괴로울 **고**	艸부의 5획	丨 艹 艹 井 苦 苦 苦	苦 苦
待	능시 6급	기다릴 **대**	彳부의 6획	㇒ 彳 彳 彳 件 件 待 待	待 待

한 단 지 몽	한단에서 꾼 꿈이라는 뜻으로, 인생의 덧없음과 부귀 영화는 일장 춘몽(一場春夢)과 같이 허무함을 비유하는 말.
邯 鄲 之 夢	故事成語

邯	능시 2급 조나라 서울 **한**	邑부의 5획 一 十 廿 甘 甘 甘' 邯阝邯	邯 邯

鄲	상용 조나라 서울 **단**	邑부의 12획 ' ' ' 罒 罒 罒 單 單 單 單' 鄲阝鄲	鄲 鄲

之	능시 3-2급 어조사 **지**	丿부의 3획 ` 丶 之	之 之

夢	능시 3-2급 꿈 **몽**	夕부의 11획 ` 十 卝 芇 苗 莔 夢 夢	夢 夢

한 우 충 동	수레에 실으면 소가 땀을 흘릴 정도이고 방 안에 쌓으면 들보에 닿을 정도란 뜻으로, 장서(藏書)가 매우 많음을 비유하는 말.
汗 牛 充 棟	故事成語

汗	능시 3-2급 땀 **한**	水부의 3획 ` 丶 氵 氵' 汗 汗	汗 汗

牛	능시 5급 소 **우**	牛부의 0획 丿 ㇟ 二 牛	牛 牛

充	능시 5급 가득할 **충**	儿부의 4획 ` 丶 亠 云 充 充	充 充

棟	능시 2급 마룻대 **동**	木부의 8획 一 十 十 木 朴' 朾 柿 棟 棟 棟 棟	棟 棟

咸興差使

함흥의 차사(중요한 임무를 맡겨서 파견하는 임시직)라는 말로, 심부름을 가서 돌아오지 않거나 아무 소식이 없을 경우를 가리키는 말로 쓰임.

故事成語

| 咸 | 능시 3급 다 **함** | 口부의 6획 | ノ 厂 厂 厅 咸 咸 咸 咸 | 咸 咸 | | | |

| 興 | 능시 4-2급 흥할 **흥** | 臼부의 9획 | F 日 日 用 用 鼡 鼡 興 興 | 興 興 | | | |

| 差 | 능시 4급 어긋날 **차** | 工부의 7획 | ＂ ＂ ＂ 羊 兰 美 差 | 差 差 | | | |

| 使 | 능시 6급 부릴 **사** | 人부의 6획 | ノ イ イ 仁 什 仁 使 使 | 使 使 | | | |

虛心坦懷

마음을 비우고 생각을 터놓음. 즉 마음을 비운 채 너그럽고 사심을 품지 않는다는 뜻. 아무런 사심이 없어 명랑하고 거리낌이나 숨김이 없는 마음을 일컫는 말.

故事成語

| 虛 | 능시 4-2급 빌 **허** | 虍부의 6획 | ' 广 卢 虍 虍 虚 虚 虛 | 虛 虛 | | | |

| 心 | 능시 7급 마음 **심** | 心부의 0획 | ' 心 心 心 | 心 心 | | | |

| 坦 | 능시 1급 평탄할 **탄** | 土부의 5획 | 一 十 土 坦 坦 坦 坦 | 坦 坦 | | | |

| 懷 | 능시 3-2급 품을 **회** | 心부의 16획 | 忄 忄 忙 忙 懷 懷 懷 懷 | 懷 懷 | | | |

螢雪之功

반딧불과 눈의 공이라는 말로, 어려운 환경 속에서도 꾸준히 학문을 닦은 공이라는 뜻으로 쓰임.

故事成語

| 螢 | 능시 3급 반딧불 **형** | 虫부의 10획 | ﹑ ﹑ ﹑ ﹑ 然 然 螢 螢 | 螢 螢 | | | |

| 雪 | 능시 6급 눈 **설** | 雨부의 3획 | 一 ㄷ ㄸ 爫 雫 雫 雪 雪 | 雪 雪 | | | |

| 之 | 능시 3-2급 어조사 **지** | ノ부의 3획 | ﹑ ㇀ 之 | 之 之 | | | |

| 功 | 능시 6급 공 **공** | 力부의 3획 | 一 ㄒ 工 功 | 功 功 | | | |

形形色色

모양이나 종류가 다른 가지 각색의 것을 나타냄. 여러 가지 모양과 빛깔이라는 뜻.

故事成語

| 形 | 능시 6급 모양 **형** | 彡부의 4획 | 一 二 ㄐ ㄐ 形 形 形 | 形 形 | | | |

| 形 | 능시 6급 모양 **형** | 彡부의 4획 | 一 二 ㄐ ㄐ 形 形 形 | 形 形 | | | |

| 色 | 능시 7급 빛 **색** | 色부의 0획 | ノ ㄅ ㄅ ㄅ 色 色 | 色 色 | | | |

| 色 | 능시 7급 빛 **색** | 色부의 0획 | ノ ㄅ ㄅ ㄅ 色 色 | 色 色 | | | |

狐假虎威 (호가호위)

여우가 호랑이의 위세를 빌려 호기를 부린다는 뜻으로, 남의 권세를 빌려 위세를 부리는 것을 비유하는 말.

故事成語

| 狐 | 능시 1급 여우 호 | 犬부의 5획 | ノ ブ ズ ズ 犭 狐 狐 狐 | 狐 狐 | | | | | | |

| 假 | 능시 4-2급 거짓 가 | 人부의 9획 | イ 们 作 作 作 作 假 假 | 假 假 | | | | | | |

| 虎 | 능시 3-2급 범 호 | 虍부의 2획 | ノ ト ヤ 广 庐 虎 虎 虎 | 虎 虎 | | | | | | |

| 威 | 능시 4급 위엄 위 | 女부의 6획 | 一 厂 厂 厂 反 威 威 威 | 威 威 | | | | | | |

好事多魔 (호사다마)

좋은 일에는 마귀가 많다는 뜻으로, 좋은 일이 있을 때는 방해가 되는 일이 많다는 것을 의미하는 말.

故事成語

| 好 | 능시 4-2급 좋을 호 | 女부의 3획 | 乚 乂 女 女 好 好 | 好 好 | | | | | | |

| 事 | 능시 7급 일 사 | 亅부의 7획 | 一 亠 宀 百 亘 耳 事 事 | 事 事 | | | | | | |

| 多 | 능시 6급 많을 다 | 夕부의 3획 | ノ ク タ 多 多 多 | 多 多 | | | | | | |

| 魔 | 능시 2급 마귀 마 | 鬼부의 11획 | 广 广 庐 庐 庐 庐 麻 麻 麻 麿 麿 麿 魔 魔 | 魔 魔 | | | | | | |

虎視眈眈

호랑이가 먹이를 노린다는 뜻으로, 탐욕스러운 야심으로 가만히 기회를 노리며 형세를 살피는 모습을 비유하는 말.

故事成語

虎	능시 3-2급 범 **호**	虍부의 2획	`丨 卜 上 广 卢 虎 虎 虎`	虎 虎
視	능시 4-2급 볼 **시**	見부의 5획	`二 千 礻 礽 视 視 視`	視 視
眈	능시 1급 노려볼 **탐**	目부의 4획	`丨 冂 冊 目 目 町 眈 眈`	眈 眈
眈	능시 1급 노려볼 **탐**	目부의 4획	`丨 冂 冊 目 目 町 眈 眈`	眈 眈

浩然之氣

도의에 근거를 두고 굽히지 않고 흔들리지 않는 바르고 큰 마음을 뜻하는 말. 맹자(孟子)의 가르침인 인격의 이상적인 기상을 말함.

故事成語

浩	능시 3-2급 넓을 **호**	水부의 7획	`氵 氵 沪 沪 浩 浩 浩 浩`	浩 浩
然	능시 7급 그러할 **연**	火부의 8획	`ノ ク タ タ 妖 妖 然 然`	然 然
之	능시 3-2급 어조사 **지**	ノ부의 3획	`丶 亠 之`	之 之
氣	능시 7급 기운 **기**	气부의 6획	`ノ 一 气 气 気 氣 氣 氣`	氣 氣

호	접	지	몽	장자(莊子)가 나비가 되어 날아다닌 꿈으로, 나와 자연이 한몸이 된 물아일체의 경지, 인생의 덧없음을 비유한 말. 〈유사어〉 장주지몽(莊周之夢)
胡	蝶	之	夢	故事成語

胡	능시 3-2급 턱밑살 **호**	肉부의 5획 一 十 古 古 胡 胡 胡 胡	胡 胡			

蝶	능시 3급 나비 **접**	虫부의 9획 虫 虫 虫 虫 虫 蝶 蝶 蝶	蝶 蝶			

之	능시 3-2급 어조사 **지**	丿부의 3획 ` 丶 之 之	之 之			

夢	능시 3-2급 꿈 **몽**	夕부의 11획 ` 艹 芍 芍 苗 夢 夢	夢 夢			

혹	세	무	민	세상을 어지럽히고 백성(百姓)을 속인다는 뜻으로, 세상 사람을 미혹하게 하여 속이는 것을 말함.
惑	世	誣	民	故事成語

惑	능시 3-2급 미혹할 **혹**	心부의 8획 一 二 亍 或 或 或 惑 惑	惑 惑			

世	능시 7급 세상 **세**	一부의 4획 一 十 廿 世 世	世 世			

誣	능시 1급 속일 **무**	言부의 7획 ` 二 亖 言 言 言 言 訂 訂 訶 誣 誣 誣	誣 誣			

民	능시 8급 백성 **민**	民부의 1획 フ コ 尸 民 民	民 民			

혼 정 신 성	저녁에는 부모님의 잠자리를 보아 드리고, 이른 아침에는 문안을 드린다는 뜻으로, 자식이 아침저녁으로 부모님의 안부를 여쭈어보고 살펴드리는 것을 이르는 말.
昏定晨省	故事成語

昏	능시 3급 어두울 혼	日부의 4획 一 「 氏 氏 昏 昏 昏	昏 昏
定	능시 6급 정할 정	宀부의 5획 丶 宀 宀 宁 宇 定 定	定 定
晨	능시 3급 새벽 신	日부의 7획 口 旦 戶 戶 톤 晨 晨 晨	晨 晨
省	능시 6급 살필 성	目부의 4획 丿 亅 小 少 少 省 省 省	省 省

홍 익 인 간	널리 인간 세계를 이롭게 한다는 뜻으로, 우리나라의 건국(建國) 시조(始祖)인 단군(檀君)의 건국 이념을 말함.
弘益人間	故事成語

弘	능시 3급 넓을 홍	弓부의 2획 フ フ 弓 弘 弘	弘 弘
益	능시 4-2급 이로울 익	皿부의 5획 八 八 八 八 苁 谷 谷 益	益 益
人	능시 8급 사람 인	人부의 0획 丿 人	人 人
間	능시 7급 사이 간	門부의 4획 丨 冂 冂 門 門 門 間 間	間 間

화	룡	점	정	용을 그릴 때 마지막으로 눈동자를 그려넣는다는 뜻으로, 사물의

畫 龍 點 睛

용을 그릴 때 마지막으로 눈동자를 그려넣는다는 뜻으로, 사물의 가장 중요한 부분을 마치어 완성시키는 것을 이르는 말.

故事成語

畫	능시 6급	田부의 7획	ㄱ ㄱ ㅋ 聿 聿 畫 畫 畫 畫
	그림 **화**	畫 畫	

龍	능시 4급	龍부의 0획	ㅗ ㅛ 立 产 背 背 背 龍 龍
	용 **룡**	龍 龍	

點	능시 4급	黑부의 5획	ㅁ ㅁ 田 里 里 里 黑 黑 點
	점 **점**	點 點	

睛	능시 1급	目부의 8획	ㅣ ㅔ 月 月 目 目 目 睛 睛 睛 睛 睛
	눈동자 **정**	睛 睛	

화	사	첨	족

畫 蛇 添 足

뱀을 그리고 발을 더한다는 뜻으로, 실물에는 없는 발을 그려 넣어서 원래 모양과 다르게 되었다는 말. 즉 쓸데없는 군더더기 또는 쓸데없는 일을 하여 도리어 실패함을 비유하는 말. 〈준말〉 사족(蛇足)

故事成語

畫	능시 6급	田부의 7획	ㄱ ㄱ ㅋ 聿 聿 畫 畫 畫 畫
	그림 **화**	畫 畫	

蛇	능시 3-2급	虫부의 5획	ㅣ ㅁ 中 虫 虫 虾 蚘 蛇 蛇
	뱀 **사**	蛇 蛇	

添	능시 3급	水부의 8획	ㅣ ㅣ ㅣ 沃 添 添 添 添
	덧붙일 **첨**	添 添	

足	능시 7급	足부의 0획	ㅣ ㅁ ㅁ 尸 尸 足 足
	발 **족**	足 足	

화 중 지 병	그림의 떡이라는 뜻으로, 바라만 보았지 소용이 닿지 않거나 보기만 했지 실제로 얻을 수 없는 것을 비유하는 말.
畫中之餠	故事成語

畫	능시 6급 그림 **화**	田부의 7획	ㄱ ㄱ ㄱ 書 書 書 書 畫 畫	畫 畫				

中	능시 8급 가운데 **중**	J부의 3획	ㅣ ㅁ ㅁ 中	中 中				

之	능시 3-2급 어조사 **지**	J부의 3획	ㄱ ㄱ ㄱ 之	之 之				

餠	능시 1급 떡 **병**	食부의 8획	ㄱ ㄱ ㄱ 今 今 合 命 食 食 飠 飠 飠 餠 餠	餠 餠			

환 골 탈 태	뼈를 바꾸고 탈을 바꿔 쓴다는 뜻으로, 남이 지은 글을 본떠서 지었으나 더욱 아름답고 새로운 글이 된다는 말, 또는 용모가 환하고 아름다워 딴 사람처럼 됨을 이르는 말.
換骨奪胎	故事成語

換	능시 3-2급 바꿀 **환**	手부의 9획	ㄱ ㄱ 扩 換 換 換 換 換	換 換				

骨	능시 4급 뼈 **골**	骨부의 0획	ㅁ ㅁ ㅁ 凸 骨 骨 骨 骨	骨 骨				

奪	능시 3-2급 빼앗을 **탈**	大부의 11획	广 六 木 奆 奋 奮 奪 奪	奪 奪				

胎	능시 2급 아이 밸 **태**	肉부의 5획	ㄱ ㄲ 月 月 ㅤ胪 胪 胎 胎	胎 胎				

횡 설 수 설	말을 이렇게 했다가 저렇게 했다가 하는 것, 조리가 없는 말을 함부로 지껄인다는 뜻. 즉 두서 없이 아무렇게나 마구 지껄이는 말을 가리킴.
橫說竪說	故事成語

橫	능시 3-2급 / 가로 **횡**	木부의 12획	扌 ポ 栌 栏 楮 楂 楮 橫 橫	橫 橫			
說	능시 5급 / 말씀 **설**	言부의 7획	亠 言 言 言 計 詛 詛 說	說 說			
竪	능시 1급 / 세울 **수**	立부의 8획	一 ㄱ ㅋ ㅋ 臣 臤 臤 臤 竪 竪 竪	竪 竪			
說	능시 5급 / 말씀 **설**	言부의 7획	亠 言 言 言 計 詛 詛 說	說 說			

후 생 각 고	나중에 난 뿔이 더 우뚝하다라는 말로, 후배나 제자가 선배나 스승보다 더 낫다는 뜻.
後生角高	故事成語

後	능시 7급 / 뒤 **후**	彳부의 6획	彳 彳 彳 彳 後 後 後	後 後			
生	능시 8급 / 날 **생**	生부의 0획	丿 ㅑ 生 牛 生	生 生			
角	능시 6급 / 뿔 **각**	角부의 0획	丿 ク 角 角 角 角 角	角 角			
高	능시 6급 / 높을 **고**	高부의 0획	丶 亠 亠 古 古 高 高 高	高 高			

흥	진	비	래

興盡悲來

흥이 다하면 슬픔이 온다는 말로, 흥망성쇠가 순환한다는 뜻. 〈반의어〉 고진감래(苦盡甘來)

故事成語

興	능시 4-2급	흥 **흥**	臼부의 9획	ꃿ 卬 卬 卬 卬 嗣 嗣 嗣 興	興 興
盡	능시 4급	다할 **진**	皿부의 9획	ꀠ 聿 聿 聿 聿 盡 盡 盡	盡 盡
悲	능시 4-2급	슬플 **비**	心부의 8획	ꀠ 丬 丬 扌 非 非 悲 悲	悲 悲
來	능시 7급	올 **래**	人부의 6획	ꀠ 丷 丆 吖 吅 吏 來 來	來 來

희	희	낙	락

喜喜樂樂

매우 기뻐하고 즐거워한다라는 뜻.

故事成語

喜	능시 4급	기쁠 **희**	口부의 9획	ꀠ 十 土 吉 吉 吉 효 喜	喜 喜
喜	능시 4급	기쁠 **희**	口부의 9획	ꀠ 十 土 吉 吉 吉 효 喜	喜 喜
樂	능시 6급	즐거울 **락**	木부의 11획	白 自 纩 纩 樂 樂 樂 樂	樂 樂
樂	능시 6급	즐거울 **락**	木부의 11획	白 自 纩 纩 樂 樂 樂 樂	樂 樂

부록

1. 될 수 있는 대로 많은 가르침을 들어야 한다.
그러나 그것을 입 밖으로 낼 때에는 참으로 납
득한 것만으로 하고, 조금이라도 의심스러운 것은
입 밖으로 내는 것을 삼가야 한다. 그렇게 함으
로써 비난을 적게 받게 되는 것이다.

－논어(論語) 중에서

2. 소년은 늙기 쉽고 학문은 이루기 어려우니 한
치의 시간이라도 가볍게 여기지 말라. 연못의
봄풀은 꿈에서 깨어나지 않았는데 섬돌 앞의 오
동잎이 이미 가을 소리니라.

－명심보감 〈권학편〉 중에서

✳ 혼동하기 쉬운 한자 ✳

佳	아름다울 가 佳作(가작)	見	볼 견, 나타날 현 見本(견본)	觀	볼 관 觀光(관광)
往	갈 왕 往復(왕복)	具	갖출 구 具色(구색)	勸	권할 권 權利(권리)
住	머무를 주 住居(주거)	貝	조개 패 貝物(패물)	歡	기쁠 환 歡呼(환호)
間	사이 간 時間(시간)	輕	가벼울 경 輕重(경중)	九	아홉 구 九日(구일)
問	물을 문 問題(문제)	經	경서 경 經由(경유)	丸	알 환 丸藥(환약)
聞	들을 문 見聞(견문)	徑	지름길 경 半徑(반경)	旭	빛날 욱 旭光(욱광)
甲	갑옷 · 첫째 갑 甲富(갑부)	季	철 계 季節(계절)	句	구절 구 詩句(시구)
申	납 · 아뢸 신 申年(신년)	李	오얏 · 성씨 리 李氏(이씨)	拘	잡을 구 拘引(구인)
由	말미암을 유 由來(유래)	秀	빼어날 수 秀麗(수려)	狗	개 구 走狗(주구)
唐	당나라 당 唐詩(당시)	考	상고할 고 考慮(고려)	己	몸 · 여섯째 천간 기 自己(자기)
康	편안할 강 健康(건강)	老	늙을 로 老人(노인)	巳	뱀 · 여섯째 지지 사 巳方(사방)
庚	일곱째 천간 경 庚戌(경술)	孝	효도 효 孝道(효도)	已	이미 이 已往(이왕)
儉	검소할 검 儉素(검소)	功	공 공 成功(성공)	基	터 기 基本(기본)
檢	검사할 검 檢算(검산)	攻	칠 공 攻擊(공격)	墓	무덤 묘 墓地(묘지)
險	험할 험 危險(위험)	巧	교묘할 교 巧妙(교묘)	募	모을 모 募集(모집)

怒	성낼 노 憤怒(분노)	戊	다섯째 천간 무 戊午(무오)	玉	구슬 옥 紅玉(홍옥)
恕	용서할 서 容恕(용서)	成	이룰 성 成長(성장)	王	임금 왕 國王(국왕)
努	힘쓸 노 努力(노력)	戌	개 · 열한째 지지 술 戌時(술시)	壬	아홉째 천간 임 壬辰(임진)
刀	칼 도 刀劍(도검)	北	북녘 북 南北(남북)	惟	오직 · 생각할 유 思惟(사유)
力	힘 력 體力(체력)	比	견줄 비 比較(비교)	推	밀 추 推論(추론)
刃	칼날 인 刃傷(인상)	此	이 차 此後(차후)	稚	어릴 치 幼稚(유치)
錄	기록할 록 收錄(수록)	氷	얼음 빙 氷水(빙수)	腸	창자 장 腎腸(신장)
綠	푸를 록 綠陰(녹음)	水	물 수 水泳(수영)	暢	화창할 창 和暢(화창)
緣	인연 연 緣故(연고)	永	길 영 永遠(영원)	場	마당 장 場所(장소)
末	끝 말 年末(연말)	說	말씀 설 說明(설명)	淸	맑을 청 淸潔(청결)
未	아닐 · 여덟째 지지 미 未知(미지)	稅	세금 세 稅務(세무)	晴	갤 청 快晴(쾌청)
本	근본 본 本名(본명)	銳	날카로울 예 銳利(예리)	請	청할 청 請願(청원)
買	살 매 買占(매점)	識	알 식 知識(지식)	護	보호할 호 保護(보호)
賣	팔 매 賣却(매각)	職	직책 직 職業(직업)	穫	거둘 확 收穫(수확)
員	인원 원 人員(인원)	織	짤 직 織造(직조)	獲	얻을 획 捕獲(포획)
謀	꾀할 모 謀議(모의)	營	경영할 영 經營(경영)		
模	본뜰 · 법 모 模倣(모방)	螢	반딧불 형 螢光(형광)		
摸	찾을 모 摸索(모색)	勞	수고로울 로 勞動(노동)		

한자	훈음		한자	훈음		한자	훈음
可	옳을 가 許可(허가)		決	결정할 결 決定(결정)		壞	무너질 괴 壞死(괴사)
司	맡을 사 司祭(사제)		快	쾌할 쾌 快晴(쾌청)		壤	땅 양 土壤(토양)
假	거짓 가 假飾(가식)		驚	놀랄 경 驚氣(경기)		郊	들 교 郊外(교외)
暇	겨를 가 休暇(휴가)		警	경계할 경 警戒(경계)		效	효험 효 效驗(효험)
各	각각 각 各別(각별)		頃	잠깐 경 食頃(식경)		卷	책 · 말 권 卷頭(권두)
名	이름 명 署名(서명)		項	목 항 事項(사항)		券	문서 권 福券(복권)
干	방패 간 干城(간성)		卿	벼슬 경 卿士(경사)		斤	도끼 근 斤量(근량)
于	어조사 우 于先(우선)		鄕	고을 · 시골 향 故鄕(고향)		斥	물리칠 · 망볼 척 排斥(배척)
幹	줄기 간 幹線(간선)		桂	계수나무 계 桂皮(계피)		金	쇠 금, 성씨 김 黃金(황금)
乾	하늘 · 마를 건 乾燥(건조)		柱	기둥 주 柱式(주식)		全	온전할 전 全體(전체)
客	손 객 乘客(승객)		苦	쓸 고 苦生(고생)		今	이제 금 今世(금세)
容	담을 · 얼굴 용 美容(미용)		若	같을 약 若干(약간)		令	명령 령 命令(명령)
巨	클 거 巨軀(거구)		哭	울 곡 痛哭(통곡)		肯	즐길 긍 首肯(수긍)
臣	신하 신 臣下(신하)		器	그릇 기 食器(식기)		背	등 배 背信(배신)
犬	개 견 愛犬(애견)		科	조목 과 科目(과목)		記	기록할 기 記錄(기록)
太	클 · 콩 태 太平(태평)		料	헤아릴 료 材料(재료)		紀	벼리 · 해 기 世紀(세기)
遣	보낼 견 派遣(파견)		官	벼슬 관 官廳(관청)		棄	버릴 기 棄却(기각)
遺	남길 유 遺物(유물)		宮	집 궁 宮闕(궁궐)		葉	잎 엽 葉茶(엽차)

祈	빌 기 祈願(기원)	圖	그림 도 地圖(지도)	勞	수고로울 로 勞動(노동)
析	쪼갤 석 解析(해석)	圓	둥글 원 圓滿(원만)	榮	영화 영 榮華(영화)
那	어찌 나 支那(지나)	獨	홀로 독 孤獨(고독)	陸	뭍 륙 陸地(육지)
邦	나라 방 邦國(방국)	燭	촛불 촉 華燭(화촉)	睦	화목할 목 和睦(화목)
暖	따뜻할 난 暖房(난방)	東	동녘 동 東方(동방)	輪	바퀴 륜 徑輪(경륜)
援	도울 원 援軍(원군)	束	묶을 · 약속할 속 約束(약속)	輸	보낼 수 輸送(수송)
難	어려울 난 難堪(난감)	卵	알 란 鷄卵(계란)	栗	밤 률 栗園(율원)
離	떠날 리 離陸(이륙)	卯	토끼 · 넷째지지 묘 卯時(묘시)	粟	조 속 粟米(속미)
堂	집 당 聖堂(성당)	欄	난간 · 테두리 란 欄干(난간)	理	다스릴 · 이치 리 道理(도리)
當	마땅할 당 當然(당연)	爛	빛날 란 爛開(난개)	埋	묻을 매 埋立(매립)
大	큰 대 大聲(대성)	郞	사내 · 남편 랑 新郞(신랑)	吏	아전 리 吏房(이방)
丈	어른 · 길이 장 丈夫(장부)	朗	밝을 랑 明朗(명랑)	史	역사 사 歷史(역사)
代	대신할 · 세대 대 時代(시대)	兩	두 · 냥 량 兩家(양가)	幕	장막 막 帳幕(장막)
伐	칠 벌 征伐(정벌)	雨	비 우 暴雨(폭우)	募	모을 모 募金(모금)
待	기다릴 대 待期(대기)	旅	나그네 려 旅行(여행)	慢	게으를 · 거만할 만 倨慢(거만)
侍	모실 시 侍女(시녀)	族	겨레 족 族譜(족보)	漫	질펀할 만 漫畫(만화)
貸	빌릴 대 貸與(대여)	歷	지낼 력 歷史(역사)	盲	소경 맹 盲信(맹신)
貨	재물 화 貨幣(화폐)	曆	책력 력 冊曆(책력)	育	기를 육 敎育(교육)

免	면할 면 赦免(사면)	民	백성 민 民族(민족)	復	돌아올 복 往復(왕복)
兎	토끼 토 兎角(토각)	氏	성씨 씨 氏族(씨족)	複	겹칠 복 複數(복수)
眠	잠잘 면 熟眠(숙면)	密	빽빽할 밀 稠密(조밀)	夫	남편·사내 부 夫婦(부부)
眼	눈 안 眼鏡(안경)	蜜	꿀 밀 蜜月(밀월)	天	하늘 천 天性(천성)
明	밝을 명 明暗(명암)	薄	엷을 박 稀薄(희박)	婦	며느리 부 婦人(부인)
朋	벗 붕 朋友(붕우)	簿	장부 부 名簿(명부)	掃	쓸 소 掃滅(소멸)
鳴	울 명 共鳴(공명)	反	되돌릴 반 反對(반대)	分	나눌 분 分列(분열)
嗚	탄식할 오 嗚呼(오호)	友	벗 우 友情(우정)	兮	어조사 혜 兮也(혜야)
矛	창 모 矛盾(모순)	般	돌릴 반 般若(반야)	墳	무덤 분 墳墓(분묘)
予	나·줄 여 予奪(여탈)	船	배 선 船舶(선박)	憤	분할 분 鬱憤(울분)
目	눈·조목 목 目次(목차)	防	막을 방 防牌(방패)	士	선비 사 士兵(사병)
自	스스로 자 自然(자연)	妨	방해할 방 妨害(방해)	土	흙 토 土壤(토양)
牧	칠 목 放牧(방목)	倍	곱 배 倍率(배율)	使	부릴·사신 사 使臣(사신)
收	거둘 수 收集(수집)	培	북돋을 배 培養(배양)	便	편할 편 便安(편안)
貿	무역할 무 貿易(무역)	辯	말 잘할 변 雄辯(웅변)	師	스승 사 醫師(의사)
賀	하례할 하 賀禮(하례)	辨	분별할 변 辨償(변상)	帥	장수 수 將帥(장수)
微	작을 미 微細(미세)	福	복 복 幸福(행복)	捨	버릴 사 取捨(취사)
徵	부를 징 徵收(징수)	幅	폭 폭 步幅(보폭)	拾	주울 습 拾得(습득)

思	생각할 사 思索(사색)	誠	정성 성 精誠(정성)	心	마음 심 心性(심성)
恩	은혜 은 師恩(사은)	試	시험할 시 試驗(시험)	必	반드시 필 必要(필요)
常	항상 상 恒常(항상)	續	이을 속 持續(지속)	深	깊을 심 水深(수심)
帝	황제 제 皇帝(황제)	績	공적 적 功績(공적)	探	찾을 · 엿볼 탐 探究(탐구)
狀	형상 상 形狀(형상)	囚	가둘 수 罪囚(죄수)	仰	우러를 앙 推仰(추앙)
壯	장할 장 壯途(장도)	因	인할 인 인과(因果)	抑	누를 억 抑留(억류)
西	서녘 서 西方(서방)	遂	이룰 수 遂行(수행)	億	억 억 億萬(억만)
酉	닭 · 열째 지지 유 酉時(유시)	逐	쫓을 축 逐出(축출)	憶	기억할 억 記憶(기억)
書	글 · 책 서 古書(고서)	衰	쇠할 쇠 衰退(쇠퇴)	揚	날릴 양 揚陸(양륙)
晝	낮 주 晝夜(주야)	哀	슬플 애 哀歌(애가)	陽	볕 양 陽地(양지)
暑	더울 서 處暑(처서)	孰	누구 숙 孰能(숙능)	與	줄 여 授與(수여)
署	관청 서 支署(지서)	執	잡을 집 我執(아집)	興	흥할 흥 復興(부흥)
石	돌 석 碑石(비석)	熟	익을 숙 熟讀(숙독)	延	끌 연 延長(연장)
右	오른쪽 우 左右(좌우)	熱	더울 열 加熱(가열)	廷	조정 정 朝廷(조정)
旋	돌 선 旋律(선율)	矢	화살 시 弓矢(궁시)	午	낮 오 午後(오후)
施	베풀 시 報施(보시)	失	잃을 실 失期(실기)	牛	소 우 牛馬(우마)
城	재 성 土城(토성)	伸	펼 신 伸張(신장)	烏	까마귀 · 검을 오 烏竹(오죽)
域	지경 역 地域(지역)	仲	버금 · 중개할 중 仲介(중개)	鳥	새 조 吉鳥(길조)

曰	**가로 왈** 日字(왈자)	提	**끌 제** 提起(제기)	侵	**범할 침** 侵攻(침공)
日	**날 일** 吉日(길일)	堤	**방죽 제** 築堤(축제)	浸	**적실 침** 浸水(침수)
宇	**집 우** 宇宙(우주)	早	**이를 조** 早起(조기)	澤	**못 · 윤 택** 光澤(광택)
字	**글자 자** 識字(식자)	旱	**마를 한** 旱害(한해)	擇	**가릴 택** 擇日(택일)
衛	**지킬 위** 防衛(방위)	祖	**할아버지 조** 先祖(선조))	波	**물결 파** 波動(파동)
衝	**부딪칠 충** 衝激(충격)	租	**세금 조** 租稅(조세)	派	**갈래 파** 派生(파생)
人	**사람 인** 人間(인간)	燥	**마를 조** 乾燥(건조)	板	**널빤지 판** 板紙(판지)
入	**들 입** 出入(출입)	操	**부릴 · 절개 조** 操作(조작)	版	**판자 · 책 판** 出版(출판)
在	**있을 재** 存在(존재)	照	**비칠 조** 照明(조명)	閉	**닫을 폐** 閉鎖(폐쇄)
存	**있을 존** 生存(생존)	熙	**빛날 희** 光熙(광희)	閑	**한가할 한** 閑寂(한적)
栽	**심을 재** 栽培(재배)	曾	**일찍이 증** 曾遊(증유)	弊	**폐단 폐** 弊端(폐단)
裁	**마를 재** 裁判(재판)	會	**모을 회** 會社(회사)	幣	**비단 · 돈 폐** 貨幣(화폐)
低	**낮을 저** 高低(고저)	陳	**베풀 진** 陳述(진술)	抱	**안을 포** 抱擁(포옹)
抵	**막을 저** 抵抗(저항)	陣	**진칠 진** 陣地(진지)	胞	**태보 포** 胞子(포자)
蹟	**자취 적** 古蹟(고적)	捉	**잡을 착** 捉囚(착수)	浦	**물가 포** 浦口(포구)
積	**쌓을 적** 積金(적금)	促	**재촉할 촉** 促進(촉진)	捕	**잡을 포** 拿捕(나포)
精	**깨끗할 정** 精氣(정기)	側	**곁 측** 側近(측근)	恨	**한할 한** 悔恨(회한)
情	**뜻 정** 情緖(정서)	測	**잴 측** 測定(측정)	限	**한정할 한** 限度(한도)

＊ 둘 이상의 음을 가진 한자 ＊

降	내릴 강 降雪(강설)
	항복할 항 降伏(항복)
更	다시 갱 更生(갱생)
	고칠 경 變更(변경)
車	수레 거 車馬(거마)
	수레 차 車道(차도)
見	볼 견 見本(견본)
	나타날 현 見齒(현치)
契	맺을 계 契約(계약)
	나라 이름 글 契丹(글단)
金	쇠 금 黃金(황금)
	성 김 金氏(김씨)
茶	차 다 茶器(다기)
	차 차 綠茶(녹차)
糖	엿 당 糖分(당분)
	엿 탕 雪糖(설탕)
宅	집 댁 宅內(댁내)
	집 택 舍宅(사택)
度	법도 도 法度(법도)
	헤아릴 탁 度地(탁지)
讀	읽을 독 精讀(정독)
	구절 두 句讀(구두)

洞	고을 동 洞里(동리)
	꿰뚫을 통 洞察(통찰)
樂	즐길 락 樂天(낙천)
	풍류 악 樂團(악단)
	좋아할 요 樂山(요산)
率	비율 률 比率(비율)
	거느릴 솔 引率(인솔)
木	모과 모 木果(모과)
	나무 목 樹木(수목)
反	돌이킬 반 反射(반사)
	뒤집을 번 反田(번전)
北	달아날 배 敗北(패배)
	북녘 북 南北(남북)
便	똥오줌 변 小便(소변)
	편할 편 便利(편리)
復	회복할 복 回復(회복)
	다시 부 復興(부흥)
否	아니 부 否認(부인)
	막힐 비 否塞(비색)
分	나눌 분 分裂(분열)
	푼 푼 分錢(푼전)
寺	절 사 寺院(사원)
	내관 시 寺人(시인)

射	쏠 사 射手(사수)	辰	별·날 신 生辰(생신)	
	맞힐 석 射中(석중)		별 진 辰時(진시)	
食	밥 사 疎食(소사)	惡	악할 악 邪惡(사악)	
	먹을 식 食水(식수)		미워할 오 憎惡(증오)	
數	자주 삭 數數(삭삭)	易	바꿀 역 貿易(무역)	
	셀 수 數學(수학)		쉬울 이 簡易(간이)	
索	쓸쓸할 삭 索漠(삭막)	刺	찌를 자 刺客(자객)	
	찾을 색 索出(색출)		정탐할 척 刺候(척후)	
殺	죽일 살 殺人(살인)	著	지을 저 著述(저술)	
	빠를 쇄 殺到(쇄도)		입을 착 著衣(착의)	
狀	모양 상 狀況(상황)	切	끊을 절 切斷(절단)	
	문서 장 賞狀(상장)		온통 체 一切(일체)	
塞	변방 새 要塞(요새)	則	곧 즉 然則(연즉)	
	막힐 색 語塞(어색)		법칙 칙 原則(원칙)	
省	덜 생 省略(생략)	徵	부를 징 徵候(징후)	
	살필 성 省察(성찰)		음이름 치 徵音(치음)	
說	말씀 설 演說(연설)	拓	개척할 척 開拓(개척)	
	달랠 세 遊說(유세)		박을 탁 拓本(탁본)	
	기쁠 열 喜說(희열)			
屬	붙을 속 從屬(종속)	推	밀 추 推論(추론)	
	부탁할 촉 屬託(촉탁)		밀 퇴 推敲(퇴고)	
帥	장수 수 將帥(장수)	暴	사나울 포 暴惡(포악)	
	거느릴 솔 帥先(솔선)		갑자기 폭 暴雪(폭설)	
宿	별자리 수 星宿(성수)	合	합할 합 合算(합산)	
	묵을 숙 宿泊(숙박)		홉 홉 一合(일홉)	
拾	주을 습 拾得(습득)	行	항렬 항 行列(항렬)	
	열 십 拾萬(십만)		다닐 행 行動(행동)	
識	알 식 智識(지식)	畫	그림 화 畫家(화가)	
	기록할 지 標識(표지)		그을 획 畫順(획순)	

✻ 한자의 부수를 알자 ✻

한자의 글자 모양을 자세히 살펴보면, 부수는 항상 한 글자의 형태 안에서 일정한 위치를 차지하고 있으며, 이러한 부수의 위치는 한자를 기억하고 습득하는데 꼭 필요한 학습 요소라는 것을 알 수 있습니다. 한자를 쉽게 익히기 위해서는 부수를 먼저 이해하고 익히는 것이 필요합니다.

한자의 구성 원리인 육서(六書) 중 형성자(形聲字)에서 뜻[의미] 부분이 바로 그 한자의 부수가 됩니다. 한자의 80% 이상이 형성자이므로 한자를 무조건 외우는 것보다는 부수부터 먼저 익힌 다음에 한자를 학습하는 것이 효율적인 방법입니다.

1. 한자의 부수(部首)

부수란 자전(字典)이나 사전(辭典)에서 한자를 찾는 데 기준이 되는 글자로서, 한글의 자모음이나 영어의 알파벳에 해당된다고 할 수 있습니다. 부수는 본래 같은 부분이나 비슷한 부분을 가진 한자를 한 곳에 모아 놓고 체계적으로 배열하기 위하여 채택한 기본 글자로, 한자의 짜임과 뗄 수 없는 관계를 가지고 있습니다.

한자는 부수의 조합으로 이루어졌다고 할 수 있는데, 부수는 한자의 외형적인 한 부분이면서 전체 의미를 상징하는 것입니다. 뜻글자[표의문자 (表意文字)]인 한자는 같은 부수에 속하는 글자들이 기본적으로 유사한 의미를 갖고 있습니다. 즉, 부수는 한자의 핵심 의미이자 한자를 분류하는 기본 원칙이 되는 것입니다.

2. 부수의 유래

부수라는 개념을 창안한 사람은 중국 한(漢)나라 때의 경전 학자이자 문자 학자였던 허신(許愼)이라는 사람입니다. 허신은 세계 최초의 자전(字典)이며 현존하는 문자학(文字學)의 최고 권위를 지닌 〈설문해자(說文解字)〉를 만들었는데, 계통별로 540개의 부수를 분류해 당시 한자 9,353자를 체계적으로 분류했고, 또한 구성 원리인 '육서의 법칙'으로 한자의 구조를 설명했습니다.

그 후 18세기 청나라 때 〈강희자전(康熙字典)〉에서 부수 중에서 중복된 것을 정리하고, 부수내의 한자도 획수에 따라 배열하여 지금까지 사용하고 있습니다.

3. 부수의 위치에 따른 명칭

부수는 글자의 놓이는 위치에 따라 다음과 같이 구분할 수 있습니다.

1) 변(邊) : 부수가 글자의 왼쪽 부분에 있는 경우
仁(어질 인) – 사람인변
凍(얼 동) – 이수변

2) 방(傍) : 부수가 오른쪽 부분에 있는 경우
到(이를 도) – 선칼도방
改(고칠 개) – 등글월문

3) 머리 : 부수가 글자의 위(머리)에 있는 경우
安(편안할 안) – 갓머리
花(꽃 화) – 초두머리

4) 발 : 부수가 글자의 아랫부분에 있는 경우
光(빛 광) – 어진사람인발
然(그러할 연) – 연화발

5) 엄 : 부수가 위쪽과 왼쪽에 걸쳐 있는 경우
原(근원 원) – 민엄호
病(병 병) – 병질엄

6) 받침 : 부수가 왼쪽과 아래에 걸쳐 있는 경우
廷(조정 정) – 민책받침
進(나아갈 진) – 책받침

7) 몸 : 부수가 글자 둘레를 감싸는 경우
國(나라 국) – 큰입구몸
回(돌 회) – 큰입구몸

8) 제부수 : 한 글자가 그대로 부수인 경우
土(흙 토)   用(쓸 용)   目(눈 목)   言(말씀 언)
魚(물고기 어)   黑(검을 흑)   龍(용 룡)   龜(거북 귀)

✻ 부수(部首)의 명칭 ✻

1 획

一	한 일
丨	뚫을 곤
丶	불똥 주(점)
丿	삐칠 별(삐침)
乙	새 을
亅	갈고리 궐

2 획

二	두 이
亠	머리 두(돼지해머리)
人(亻)	사람 인(인변)
儿	어진사람 인
入	들 입
八	여덟 팔
冂	멀 경(멀경몸)
冖	덮을 멱(민갓머리)
冫	얼음 빙(이수변)
几	안석 궤(책상궤)
凵	입벌릴 감(위터진입구)
刀(刂)	칼 도(선칼도)
力	힘 력
勹	쌀 포
匕	비수 비
匚	상자 방(터진입구)
匸	감출 혜(터진에운담)
十	열 십
卜	점 복
卩(㔾)	병부 절(마디절)
厂	굴바위 엄(민엄호)
厶	사사 사(마늘모)
又	또 우

3 획

口	입 구
囗	에울 위(큰입구)
土	흙 토
士	선비 사
夂	뒤져올 치
夊	천천히걸을 쇠
夕	저녁 석
大	큰 대
女	계집 녀
子	아들 자
宀	집 면(갓머리)
寸	마디 촌
小	작을 소
尢	절름발이 왕
尸	주검 시
屮	싹날 철(왼손좌)
山	메 산
巛	내 천(개미허리)
工	장인 공
己	몸 기
巾	수건 건
干	방패 간
幺	작을 요
广	집 엄(엄호)
廴	길게걸을 인(민책받침)
廾	받들 공(스물입발)
弋	주살 익
弓	활 궁
彐	돼지머리 계(튼가로왈)
彡	터럭 삼(삐친석삼)
彳	자축거릴 척(두인변)

4 획

心(忄)	마음 심(심방변)
戈	창 과
戶	지게 호(문호)
手(扌)	손 수(재방변)
支	지탱할 지
攴(攵)	칠 복(등글월문)
文	글월 문
斗	말 두
斤	도끼 근(날근)
方	모 방
无(旡)	없을 무(이미기방)
日	날 일
曰	가로 왈
月	달 월
木	나무 목
欠	하품 흠
止	그칠 지
歹(歺)	뼈앙상할 알(죽을사)
殳	칠 수(갖은등글월문)
毋	말 무
比	견줄 비
毛	털 모
氏	성씨 씨(각시씨)
气	기운 기
水(氵)	물 수(삼수변)
火(灬)	불 화(연화발)
爪(爫)	손톱 조
父	아버지 부(아비부)
爻	사귈 효(점괘효)
爿	조각널 장(장수장변)
片	조각 편
牙	어금니 아
牛(牜)	소 우
犬(犭)	개 견(개사슴록변)

5 획

玉(王)	구슬 옥
玄	검을 현
瓜	오이 과
瓦	기와 와
甘	달 감
生	날 생
用	쓸 용
田	밭 전
疋	발 소(짝필변)
疒	병들 녁(병질엄)
癶	걸을 발(필발머리)
白	흰 백
皮	가죽 피
皿	그릇 명
目	눈 목
矛	창 모

矢	화살	시
石	돌	석
示(礻)	보일	시
内	짐승발자국	유
禾	벼	화
穴	구멍	혈
立	설	립

6 획

竹(⺮)	대	죽
米	쌀	미
糸	실	사
缶	장군	부
网(罒)	그물	망
羊(⺶)	양	양
羽	깃	우
老(耂)	늙을	로
而	말이을	이
耒	쟁기	뢰
耳	귀	이
聿	붓	율
肉(月)	고기 육(육달월변)	
臣	신하	신
自	스스로	자
至	이를	지
臼	절구	구
舌	혀	설
舛	어그러질	천
舟	배	주
艮	그칠	간
色	빛	색
艸(⺿)	풀 초(초두머리)	
虍	범의문채 호(범호)	
虫	벌레	충
血	피	혈
行	다닐	행
衣(礻)	옷	의
襾(西)	덮을	아

7 획

見	볼	견
角	뿔	각
言	말씀	언
谷	골	곡

豆	콩	두
豕	돼지	시
豸	발없는벌레	치
貝	조개	패
赤	붉을	적
走	달아날	주
足	발	족
身	몸	신
車	수레	거
辛	매울	신
辰	별	진
辵(辶)	쉬엄쉬엄갈 착(책받침)	
邑(阝)	고을 읍(우부방)	
酉	닭	유
采	분별할	변
里	마을	리

8 획

金	쇠	금
長	길	장
門	문	문
阜(阝)	언덕 부(좌부변)	
隶	미칠	이
隹	새	추
雨	비	우
靑	푸를	청
非	아닐	비

9 획

面	낯	면
革	가죽	혁
韋	가죽	위
韭	부추	구
音	소리	음
頁	머리	혈
風	바람	풍
飛	날	비
食	밥	식
首	머리	수
香	향기	향

10 획

馬	말	마

骨	뼈	골
高	높을	고
髟	머리늘어질 표(터럭발)	
鬥	싸울	투
鬯	술	창
鬲	다리굽은솥 력/오지병 격	
鬼	귀신	귀

11 획

魚	물고기	어
鳥	새	조
鹵	소금밭	로
鹿	사슴	록
麥	보리	맥
麻	삼	마

12 획

黃	누를	황
黍	기장	서
黑	검을	흑
黹	바느질할	치

13 획

黽	맹꽁이	맹
鼎	솥	정
鼓	북	고
鼠	쥐	서

14 획

鼻	코	비
齊	가지런할	제

15 획

齒	이	치

16 획

龍	용	룡
龜	거북	귀

17 획

龠	피리	약

알짜배기
고사성어 쓰기박사

지 은 이 HD교재연구회
펴 낸 이 천재민

펴 낸 곳 하다북스
출판등록 제2003-000001호
주   소 서울특별시 강북구 삼양로19길 25, 107동 702호
전   화 02-6221-3020
팩   스 02-6221-3040
홈페이지 www.hadabook.com

ⓒ **hadabooks**
ISBN 978−89−92018−90−6 13710